中华人民共和国行业推荐性标准

公路软土地基路堤设计与施工技术细则

Technical Guidelines for Design and Construction
of Highway Embankment on Soft Ground

JTG/T D31-02—2013

主编单位：中交第一公路勘察设计研究院有限公司
批准部门：中华人民共和国交通运输部
实施日期：2013年05月01日

人民交通出版社

图书在版编目(CIP)数据

公路软土地基路堤设计与施工技术细则(JTG/T D31-02—2013)/中交第一公路勘察设计研究院有限公司主编.--北京：人民交通出版社，2013.4
ISBN 978-7-114-10449-7

Ⅰ.①公… Ⅱ.①中… Ⅲ.①公路路基—软土地基—路堤—设计②公路路基—软土地基—路堤—施工技术 Ⅳ.①U416.1

中国版本图书馆CIP数据核字(2013)第045620号

中华人民共和国行业推荐性标准
公路软土地基路堤设计与施工技术细则
JTG/T D31-02—2013
中交第一公路勘察设计研究院有限公司　主编
人民交通出版社出版发行
(100011　北京市朝阳区安定门外外馆斜街3号)
各地新华书店经销
北京市密东印刷有限公司印刷
开本：880×1230　1/16　印张：6.25　字数：140千
2013年4月　第1版
2023年12月　第8次印刷
定价：40.00元
ISBN 978-7-114-10449-7

中华人民共和国交通运输部

公 告

2013 年第 6 号

交通运输部关于发布
《公路软土地基路堤设计与施工技术细则》的公告

现公布《公路软土地基路堤设计与施工技术细则》(JTG/T D31-02—2013),作为公路工程行业推荐性标准,自 2013 年 5 月 1 日起施行,原《公路软土地基路堤设计与施工技术规范》(JTJ 017—96)同时废止。

该规范的管理权和解释权归交通运输部,日常解释和管理工作由主编单位中交第一公路勘察设计研究院有限公司负责。

请各有关单位在实践中注意总结经验,及时将发现的问题和修改意见函告中交第一公路勘察设计研究院有限公司(地址:西安市高新技术开发区西区科技四路 205 号,邮政编码:710065),以便修订时参考。

特此公告。

中华人民共和国交通运输部
2013 年 1 月 21 日

前　言

《公路软土地基路堤设计与施工技术规范》(JTJ 017—96)颁布实施以来,对提高我国软土地基公路设计与施工技术水平,保证工程质量起到了重要的作用。随着我国公路建设的发展,公路工程技术人员积累了较丰富的软土地基处理经验,并取得了许多研究成果,许多成熟可靠的新理论、新技术、新材料、新工艺在软土地基处理中得到推广应用,使公路软土地基处理技术水平有了较大的提高。根据交通运输部(原交通部)"关于下达2001年度公路工程标准制修订工作计划的通知"(厅公路字〔2002〕36号)要求,由中交第一公路勘察设计研究院有限公司为主编单位,对该规范进行修订。

修订过程中,编制组对全国已建和在建的软土地基公路进行了较为全面的技术调研,参考了国内外十余年来软土地基处理的科研成果和技术资料,总结了近年公路软土地基路堤设计与施工经验,广泛征求了业内有关单位和专家的意见。

修订后的细则分9章,内容包括总则、术语和符号、工程地质勘察、稳定与沉降计算、地基处理设计、路堤设计、地基处理施工、路堤施工与观测、试验工程等。主要修订内容有：

(1)完善了对软土地基工程地质勘察的相关规定。

(2)完善了软土鉴别指标,沉降、稳定设计计算方法以及复合地基处理设计方法。

(3)增加了土工泡沫塑料路堤、现浇泡沫轻质土路堤、真空预压、水泥粉煤灰碎石桩、刚性桩、爆炸挤淤、路堤地基隔离墙、强夯和强夯置换以及吹填砂路堤设计和施工等内容。

请有关单位和个人在执行过程中,将发现的问题和修改意见函告中交第一公路勘察设计研究院有限公司(地址:西安市高新技术开发区西区科技四路205号,邮编:710065,联系人:张留俊,邮箱:BZXD@ccroad.com.cn),以便下次修订时参考。

主 编 单 位：中交第一公路勘察设计研究院有限公司

参 编 单 位：浙江省交通规划设计研究院
　　　　　　　　招商局重庆交通科研设计院
　　　　　　　　上海市公路管理处
　　　　　　　　广东省高速公路公司

主要起草人：张留俊　王福胜　杨少华　郑　治　徐立新
　　　　　　　赵景明　刘建都　倪一鸿　陈　析　陈代著
　　　　　　　喻文学　陈忠平　邓　江

目 录

1 总则 ·· 1
2 术语和符号 ·· 2
   2.1 术语 ·· 2
   2.2 符号 ·· 5
3 工程地质勘察 ·· 7
   3.1 一般规定 ·· 7
   3.2 预可勘察 ·· 11
   3.3 工可勘察 ·· 11
   3.4 初步勘察 ·· 12
   3.5 详细勘察 ·· 14
4 稳定与沉降计算 ··· 16
   4.1 一般规定 ·· 16
   4.2 稳定验算 ·· 16
   4.3 沉降计算 ·· 19
   4.4 地基平均固结度计算 ··· 22
   4.5 地基平均固结度修正 ··· 23
5 地基处理设计 ·· 25
   5.1 一般规定 ·· 25
   5.2 垫层和浅层处理 ··· 26
   5.3 竖向排水体 ··· 27
   5.4 真空预压 ·· 29
   5.5 粒料桩 ··· 30
   5.6 加固土桩 ·· 32
   5.7 水泥粉煤灰碎石桩 ·· 35
   5.8 刚性桩 ··· 36
   5.9 爆炸挤淤 ·· 39
   5.10 路堤地基隔离墙 ··· 42
   5.11 强夯和强夯置换 ··· 43
6 路堤设计 ·· 45
   6.1 一般规定 ·· 45
   6.2 粉煤灰路堤 ··· 46

- 6.3 土工泡沫塑料路堤 …… 48
- 6.4 现浇泡沫轻质土路堤 …… 49
- 6.5 吹填砂路堤 …… 51
- 6.6 加筋路堤 …… 54
- 6.7 反压护道 …… 55

7 地基处理施工 …… 57
- 7.1 一般规定 …… 57
- 7.2 垫层和浅层处理 …… 57
- 7.3 竖向排水体 …… 59
- 7.4 真空预压 …… 61
- 7.5 粒料桩 …… 63
- 7.6 加固土桩 …… 65
- 7.7 水泥粉煤灰碎石桩 …… 67
- 7.8 刚性桩 …… 68
- 7.9 爆炸挤淤 …… 70
- 7.10 路堤地基隔离墙 …… 72
- 7.11 强夯和强夯置换 …… 72

8 路堤施工与观测 …… 75
- 8.1 一般规定 …… 75
- 8.2 粉煤灰路堤 …… 75
- 8.3 土工泡沫塑料路堤 …… 76
- 8.4 现浇泡沫轻质土路堤 …… 77
- 8.5 吹填砂路堤 …… 78
- 8.6 加筋路堤 …… 78
- 8.7 沉降与水平位移观测 …… 79
- 8.8 沉降预测 …… 81

9 试验工程 …… 82
- 9.1 一般规定 …… 82
- 9.2 试验工程设计 …… 83
- 9.3 试验工程观测及成果报告 …… 85

附录A 软土地基常用处理方法及适用范围一览表 …… 89

本细则用词用语说明 …… 91

1 总则

1.0.1 为指导公路软土地基路堤的设计与施工,提高公路软土地基路堤设计与施工质量,制定本细则。

1.0.2 本细则适用于各等级新建、改(扩)建公路工程软土地基路堤的设计与施工。

1.0.3 软土地区公路选线应充分利用航空摄影测量、空间遥感技术等,大范围调查软土空间分布,合理确定路线走向与主要控制点,以最短距离通过软土地带。纵断面设计应以低路堤为原则,路堤填料宜采用轻质材料。路线通过大范围厚层软土地带,完全治理成本过高时,可通过专题研究,按保证通行能力的原则确定横断面宽度。

1.0.4 软土地基路堤的设计与施工方案,应做到技术可行,经济合理,因地制宜,保护环境。

1.0.5 软土地基的工程地质勘察,应调查搜集沿线地形、地质、水文、气象、地震等资料,采用钻探与原位测试相结合的方法,查明软土的工程性质,编制工程地质勘察报告,为设计和施工提供依据。

1.0.6 软土地基处理方案应结合当地气候、地形、水文、地质、材料、建设工期、养护条件、工程实践经验和技术水平等因素,综合分析确定。

1.0.7 软土地基路堤设计与施工应符合国家和行业在安全生产与环境保护方面的有关规定。

1.0.8 软土地基路堤设计与施工应积极采用成熟可靠的新技术、新材料、新设备、新工艺。

1.0.9 公路软土地基路堤设计与施工除应符合本细则的规定外,尚应符合国家和行业现行有关标准的规定。

2 术语和符号

2.1 术语

2.1.1 软土 soft soil

天然含水率高、天然孔隙比大、抗剪强度低、压缩性高的细粒土,包括淤泥、淤泥质土、泥炭、泥炭质土等。

2.1.2 淤泥 mud

在静水和缓慢流水环境中沉积、天然孔隙比大于或等于1.5、含有机质的细粒土。

2.1.3 淤泥质土 muddy soil

在静水和缓慢流水环境中沉积、天然孔隙比大于或等于1.0且小于1.5、含有机质的细粒土。

2.1.4 泥炭 peat

喜水植物枯萎后,在缺氧条件下经缓慢分解而形成的泥沼覆盖层。常为内陆湖沼沉积,有机质含量大于或等于60%,大部分尚未完全分解,呈纤维状,孔隙比一般大于10。

2.1.5 泥炭质土 peaty soil

有机质含量大于或等于10%且小于60%,大部分完全分解,有臭味,呈黑泥状的细粒土和腐殖质土。

2.1.6 软土地基 soft ground

有软土层分布,在荷载作用下易产生滑移或过大沉降变形的土质地基。

2.1.7 复合地基 composite foundation

通过置换天然地基部分土体、采用物理或化学方法处理强化地基部分土体,或设置加筋材料使天然地基的部分土体得到增强,从而形成由基体和增强体两部分组成的共同承担荷载的人工地基。

2.1.8　最终沉降　final settlement

在上部设计荷载作用下,地基从加载起始日至无限长时间内所发生的沉降。

2.1.9　总沉降　total settlement

在上部设计荷载作用下,地基从加载起始日至路面设计使用年限末所发生的沉降。

2.1.10　容许工后沉降　permissible post-construction settlement

在上部设计荷载作用下,地基从路面竣工之日至路面设计使用年限末容许产生的沉降。

2.1.11　堆载预压　preloading

在软土地基上施加荷载,促使地基排水、固结、压密,以提高地基强度,减少在设计荷载作用下产生工后沉降的处理方法。堆载预压分等载预压、超载预压和欠载预压。预压荷载等于路堤设计荷载的,称为等载预压;预压荷载超过路堤设计荷载的,称为超载预压;预压荷载小于路堤设计荷载的,称为欠载预压。

2.1.12　预压期　preloading period

预压施加荷载所持续的时间。从完成全部预压荷载施加后开始计算。

2.1.13　砂砾垫层　sandgravel mat

设置在路堤基底与软土地基表面之间的砂砾材料层。

2.1.14　轻质路堤　lightweight embankment

采用粉煤灰、泡沫塑料等轻质材料修筑的路堤。

2.1.15　粉煤灰路堤　fly-ash embankment

全部或部分采用粉煤灰修筑的路堤。

2.1.16　土工泡沫塑料路堤　geofoam embankment

用发泡聚苯乙烯(EPS)块修筑的路堤。

2.1.17　现浇泡沫轻质土路堤　embankment of cast-in-situ foamed lightweight soil

采用在砂等原料土中按照一定比例添加固化剂、水和气泡,经现场混合后形成的轻质材料修筑的路堤。

2.1.18　加筋路堤　reinforced embankment

在路堤中适当位置设置加筋材料的路堤。

2.1.19 吹填砂路堤 dredger fill embankment
采用水力吹填法,利用疏浚江河、湖泊、海滨时挖除的泥砂填筑的路堤。

2.1.20 反压护道 counter weight fill
位于路堤两侧(或一侧)起反压作用的、具有一定宽度和厚度的填筑体。

2.1.21 竖向排水体 vertical drain
在软土地基中设置的用于形成竖向排水通道,加速软土固结的排水体。

2.1.22 真空预压 vacuum preloading
通过在软土地基中抽真空形成负压,加速地基排水固结的方法。

2.1.23 粒料桩 granular material column
以碎石、砂砾、矿渣、砂等松散粒料作桩料,利用专用机械形成的桩体。

2.1.24 加固土桩 solidified soil column
用具有钻进、回转、喷浆(粉)与搅拌功能的机械在软土地基中将软土与加固剂混合搅拌制成的,具有一定深度、直径,且被固化、有一定强度的桩体。

2.1.25 水泥粉煤灰碎石桩(CFG 桩) cement fly-ash gravel pile
采用一定比例的水泥、粉煤灰、碎石以及石屑混合料,现场灌注而成的桩体。

2.1.26 现浇混凝土大直径管桩(PCC 桩) cast-in-place concrete large-diameter pipe pile
将内外双层套管形成的空心圆柱腔体沉入地基,在腔体内灌注混凝土,振动拔管之后形成的管状桩体。

2.1.27 爆炸挤淤 explosive displacement
利用炸药爆炸能量将软土地基中的软土挤开,使事先堆在软土表面的块、片石下沉到设计深度,置换软土的地基处理方法。

2.1.28 隔离墙 dividing wall
在软土地基中设置的对地基中渗流、竖向沉降或侧向挤压起隔离作用的连续墙体。

2.1.29 强夯 dynamic compaction
利用大质量夯锤从较高处自由落下对地基产生冲击和振动,降低地基土的压缩性并提高其强度的处理方法。夯锤重多为 100~400kN,落距多为 6~40m。

2.1.30 强夯置换 dynamic compaction displacement

强夯时,在夯锤冲击形成的夯坑中,边夯边填碎石、片石等粗颗粒材料置换原地基土,在地基中制成大直径的粒料桩,形成粒料桩复合地基的处理方法。

2.2 符号

S_u——十字板抗剪强度;
c_q、φ_q——快剪试验黏聚力与内摩擦角;
c_g、φ_g——固结快剪试验黏聚力与内摩擦角;
c_{uu}、φ_{uu}——三轴不固结不排水试验黏聚力与内摩擦角;
c_{cu}、φ_{cu}——三轴固结不排水试验黏聚力与内摩擦角;
c'、φ'——三轴试验有效黏聚力与有效内摩擦角;
F——路堤稳定安全系数;
m_i——地基土层强度增长系数;
α——压缩系数;
E_s——压缩模量;
C_v——竖向固结系数;
C_r——径向固结系数;
p_c——先期固结压力;
C_c——压缩指数;
C_s——回弹指数;
S_∞——最终沉降;
S_0——路面设计使用年限内地基发生的总沉降;
S_p——工后沉降;
S_d——瞬时沉降;
S_c——主固结沉降;
S_s——次固结沉降;
I_a——次固结系数(灵敏度因子);
m_s——沉降系数;
U——地基平均固结度;
U_v——地基竖向平均固结度;
U_r——地基径向平均固结度;
u——孔隙水压力;
d_e——砂井(竖向排水体)有效排水直径;
d_w——砂井(竖向排水体)直径(当量直径);
μ——泊松比;
μ_s——桩间土应力折减系数;
m——桩土面积置换率;

n——桩土应力比；

τ_{ps}——桩土复合地基抗剪强度；

τ_p——桩体抗剪强度；

τ_s——土体抗剪强度；

E_{ps}——桩土复合压缩模量；

E_p——桩体压缩模量；

f_{cu}——立方体试块的无侧限抗压强度；

f_{spk}——复合地基承载力特征值；

f_{pk}——桩体承载力特征值；

f_{sk}——处理后桩间土承载力特征值。

3 工程地质勘察

3.1 一般规定

3.1.1 软土地基工程地质勘察应根据工程方案、场地条件,合理选择勘察方法,保证勘察质量,满足各方案设计的需要。

3.1.2 软土地基工程地质勘察工作应包括收集资料、工程地质调绘、工程地质勘探、工程地质测试、工程地质评价及报告编制等工作。

3.1.3 软土地基工程地质勘察应收集沿线地形、地貌资料,古地形地貌图和历史河流变迁图,区域地质、遥感图像及解译资料;沿线既有建筑、道路等建(构)筑物的勘察、设计、施工、观测资料,科研项目及试验工程成果资料;地震烈度、震害等资料;核定地震动峰值加速度大于或等于 $0.1g$ 范围的分区界限。

3.1.4 软土地基工程地质勘察应查明下列内容:
1 成因类型、成层条件、分布规律、薄层理与夹砂特征、水平向与垂直向的均匀性、地表硬壳层的分布与厚度、地下硬土层或基岩的埋深与起伏。
2 古牛轭湖、埋藏谷及暗埋的塘、浜、沟、渠等的分布、埋深及其水文地质情况等微地貌形态。
3 软土的固结状态,物理、力学、化学、水理性质和地基的承载力。
4 地下水的类型、埋深、水位变化情况、水质及腐蚀性。
5 当地既有建(构)筑物的软土地基处理措施和经验等。

3.1.5 软土可按表 3.1.5 进行鉴别。当表中部分指标无法获得时,可以天然孔隙比和天然含水率两项指标为基础,采用综合分析的方法进行鉴别。

表 3.1.5 软土鉴别指标表

特征指标名称	天然含水率(%)	天然孔隙比	快剪内摩擦角(°)	十字板抗剪强度(kPa)	静力触探锥尖阻力(MPa)	压缩系数 $a_{0.1\sim0.2}$ (MPa^{-1})
黏质土、有机质土	≥35	≥1.0	宜小于5	宜小于35	宜小于0.75	宜大于0.5
粉质土	≥30	≥液限 ≥0.9	宜小于8			宜大于0.3

条文说明

2011年颁布的《公路工程地质勘察规范》(JTG C20—2011)中,利用天然含水率、天然孔隙比、压缩系数、标准贯入试验锤击数、静力触探比贯入阻力、十字板抗剪强度6项指标鉴别软土,指标考虑比较全面。因此,本细则对软土鉴别标准与其靠近;但由于软土勘察中标准贯入试验锤击数对软土判别的指导意义不大,改用快剪内摩擦角指标代替。天然孔隙比和天然含水率两项物理指标测试方便,且变异性小,因此当部分指标无法获得时,将其作为进行软土鉴别的基础指标。

3.1.6 工程地质调绘应完成下列工作:
1 调查地形、地貌及第四纪沉积层的特征,划分地貌单元并进行工程地质分区。
2 查明软土的分布范围和分布规律,基本查明沿线微地貌与软土分布的关系。
3 调查湖塘、河流等地表水体的分布情况。
4 调查地下水的类型、埋深、补给、排泄和水位变化情况。
5 基本查明沼泽地段的植物分布及生长情况,地表水的汇流和水位的季节变化、疏干条件及河流水文变化情况,地下水露头及其季节变化情况,地下水与地表水的关系等。

3.1.7 工程地质勘探应在工程地质调绘的基础上,采用挖探、简易钻探、钻探、静力触探、十字板剪切试验等方法,并辅以必要的物探综合进行。对难以取样的软土地层,应以静力触探、十字板剪切试验等原位测试为主,必要时可采用旁压试验与螺旋板载荷试验等方法。对暗埋的塘、浜、沟、坑穴等,宜采用静力触探方法。可主要采用静力触探方法测定软土层在天然结构状态下土的物理、力学性质,划分地质层次。

3.1.8 工程地质测试应按表3.1.8确定测试项目,并应符合下列规定:
1 软土的力学性质参数可采用室内试验和原位测试方法确定。室内试验应按现行《公路土工试验规程》(JTG E40)执行。
2 原状土样样品应在取样后3d之内完成试验。不能按时试验的样品应妥善保存,不得露天堆放。
3 力学试验的加荷级别与标准、试验的边界条件等应与工程场地的环境条件相适应,并结合施工、运营期的实际情况综合确定。
4 室内剪切试验应根据地基土类别、地基排水条件,并结合加载速率选用相应的试验方法和试验参数。
5 每个工程地质层均应测定完整的软土物理力学指标,包括先期固结压力、压缩系数、固结系数、抗剪强度等,其中抗剪强度应采用固结快剪试验,必要时还应采用固结不排水剪试验。软土层厚度较大时,宜在该层的上、中、下部分别测定一组完整的软土物理力学指标。
6 采用竖向排水体加固地基时,应进行水平方向的固结系数测试;采用加固土桩加

表 3.1.8 软土室内外测试项目选择表

项目		物理性质试验								室内试验 - 力学性质试验														其他		原位测试					
		天然含水率	天然密度	相对密度	天然孔隙比	塑限	液限	塑性指数	液性指数	有机质含量	颗粒组成	渗透系数 垂直	渗透系数 水平	压缩系数 垂直	压缩系数 水平	先期固结压力	固结系数 垂直	固结系数 水平	直剪 快剪	直剪 固结快剪	三轴剪切 不固结不排水	三轴剪切 固结不排水	三轴剪切 固结排水	无侧限抗压强度	灵敏度	土的pH值	水质分析	十字板剪切	静力触探	旁压试验	载荷试验	标准贯入试验	扁铲侧胀试验
		w	ρ	d_s	e	w_P	w_L	I_P	I_L			k_v	k_h	a_v	a_h	P_c	C_v	C_h	τ_q	τ_{cq}	UU	CU, $\overline{CU}$	CD	q_u	S_t								
		%	g/cm³			%	%			%	%	cm/s	cm/s	MPa⁻¹	MPa⁻¹	kPa	cm²/s	cm²/s			kPa	kPa	kPa	kPa				kPa	MPa	kPa	kPa	击数	kPa
路堤 稳定性	硬层	+	+	+	+	±	±	±	±										+	(+)	+			+	(+)				+	(+)	(+)	(+)	(+)
路堤 稳定性	软土层	+	+	+	+	±	±	±	±	±	(±)	+	+	+	(+)				+	(+)	+	(+)	(+)	+	+			+	+	(+)	(+)	(+)	(+)
路堤 沉降	硬层	+	+	+	+	±	±	±	±										+	(+)	(+)	(+)	(+)	(+)					+	(+)	(+)	(+)	(+)
路堤 沉降	软土层	+	+	+	+	±	±	±	±	±		+	+	+	(+)	(+)	+	+	+	+	(+)	(+)	(+)	+	+			+	+	(+)	(+)	(+)	(+)
路堤 地基加固	硬层	+	+	+	+	±	±	±	±	(±)	(±)								+	+	+	(+)	(+)	+	(+)	+	+		+	(+)	(+)	(+)	(+)
路堤 地基加固	软土层	+	+	+	+	±	±	±	±	±	(±)	+	(+)	+	(+)	(+)	+	+	+	+	+	(+)	(+)	+	+	+	+	+	+	(+)	(+)	(+)	(+)

注:"+"表示采用原状土做试验;"±"表示可采用扰动土样;"( )"表示视需要做。

固地基时,应对软土的pH值、有机质含量以及地下水质等进行测试。

7 静力触探、标准贯入试验、十字板剪切试验等原位测试方法所取得的资料,应与钻探资料进行对比、验证。

8 试验结果应按工程地质单元、区段及层位分别统计,并将取样方法、试验方法以及不同测试方法所得结果进行分析比较,评价其可靠性和适用性。

3.1.9 工程地质评价应在综合分析调绘、勘探、原位测试和土工试验等资料的基础上,针对工程特点和要求进行。评价内容应包括场地地质条件评价、场地地基稳定性评价及场地环境影响评价等,并应符合下列规定:

1 场地地质条件评价,应在分析研究区域地质与水文地质条件和工程地质特征、软土基本规律的基础上,对不同工程场地方案进行综合评价和比选。确定场地方案后,应结合工程评价场地的工程地质条件,提出地表硬壳层利用的条件及可能性,对暗塘、暗浜的绕避或处理措施提出建议;当地基受力范围内有硬层、起伏岩层或厚透镜体时,应判定地基产生滑移或不均匀变形的可能性;当软土地基中有薄砂层或软土与砂土互层时,应判定对地基变形的影响。应判定地下水位变化和承压水对地基稳定性和变形的影响。软土地基的承载力宜采用多种方法综合确定。

2 场地地基稳定性评价应包括滑动稳定性评价与沉降稳定性评价。应对建(构)筑物在正常使用情况下可能发生的不均匀沉降、差异沉降、滑动、变形作出评价,提出加固、处理措施建议;应对基底硬层和下伏承压含水层的水压差在施工过程中可能产生的溃涌、潜蚀、流砂,以及动水压力对边坡稳定性的不利影响作出评价。

3 应对软土场地因施工、取土、运输等产生的环境地质问题作出评价,并提出相应措施。

3.1.10 工程地质报告应包括文字说明和图表资料,并应符合下列规定:

1 文字说明应阐明任务要求、勘察阶段、工程地质条件、工程项目的特点,应包括对本细则第3.1.4条要求查明内容和结论的说明,以及按本细则第3.1.9条要求进行工程地质评价的情况及结论。

2 初步勘察和详细勘察阶段,图表资料应包括:
1) 工程地质平面图;
2) 工程地质纵断面图;
3) 工程地质横断面图;
4) 工程地质钻孔柱状图;
5) 原位测试成果图表,包括十字板剪切图、静力触探图、标贯成果图等;
6) 土工试验资料成果图表,包括土的物理、力学、化学性能试验成果表与指标统计表,孔隙比与荷载关系图,固结系数与荷载关系图,无侧限抗压应力与应变图等;
7) 水文地质测试资料图表;
8) 勘探、试验照片等。

3.1.11 软土地基工程地质勘察深度应与勘察设计的阶段相对应,可分为预可行性研究工程地质勘察(以下简称预可勘察)、工程可行性研究工程地质勘察(以下简称工可勘察)、初步工程地质勘察(以下简称初步勘察)与详细工程地质勘察(以下简称详细勘察)四个勘察阶段。

3.2 预可勘察

3.2.1 预可勘察应基本掌握路线走廊带内对路线方案有较大影响软土的分布及对工程可能产生的危害,勘察成果应满足预可路线方案研究的需要。

3.2.2 预可勘察应包括下列内容:
1 收集区域地质、第四纪地质、工程地质、水文地质、地形地貌、气象、地震烈度及遥感图像等资料。
2 收集线路通过区域的 1∶100 000～1∶500 000 地质图与说明书及其与路线有关的铁路、水电、矿山、城建等部门从事建设的地质资料。
3 研究软土分布范围及其工程地质特征,以及路线绕避的可能性或通过的方案。

3.2.3 预可勘察报告应分析并对控制路线方案和重点地段的软土的分布范围、成因类型及其对工程可能产生的危害和应对措施进行重点说明。

3.2.4 预可勘察报告应提供全线工程地质图,比例尺为 1∶100 000～1∶500 000,填绘软土分布范围及其工程地质要素,宜与路线方案示意图合并成图。

3.3 工可勘察

3.3.1 工可勘察应掌握路线走廊带内对工程规模有较大影响的软土分布,了解其可能对工程产生的影响,勘察成果应满足工可路线方案研究的需要。

3.3.2 工可勘察应包括下列内容:
1 在预可勘察成果的基础上,应对路线走廊带的软土地基进行现场调查,必要时宜进行简易勘探和测试。
2 对控制路线方案和重点地段的软土地基,宜通过勘探钻孔与静力触探核查所收集的资料,进一步了解其成因类型、性质、分布范围及可能对工程产生的危害。
3 对软土地区沿线的堤防、涵闸、桥梁、道路及房屋等既有建(构)筑物应进行重点调查,了解其结构、基础类型以及软土地基处理措施和经验等。
4 对室内遥感解译成果应进行现场核对、修改和补充。

3.3.3 工可勘察报告文字说明应重点阐明各方案中软土的分布范围、成因类型、工程特性等对路线的影响,对路线方案作出评价,并提出对初步勘察工作的建议。

3.3.4 工可勘察报告图表资料应包括下列内容:
1 全线工程地质图,比例尺为 1:50 000~1:200 000,图中应填绘各路线方案和大型结构物的位置,主要的地貌界限、地层界线、地质构造线、岩层产状、软土分布范围,地震基本烈度分区界限等。
2 必要时推荐方案及重要比较方案工程地质图,比例为 1:10 000~1:50 000。
3 控制路线方案的复杂软土地段的工程地质平、纵断面示意图。
4 不良地质地段表。

3.4 初步勘察

3.4.1 初步勘察应基本查明控制路线方案的软土分布及其工程地质特征,研究其对工程方案的影响,提出处理措施建议。勘察成果应满足路线布设、处理方案设计及结构设计的需要。

3.4.2 初步勘察应包括下列内容:
1 在工可勘察成果的基础上,采用工程地质调绘、钻探与原位测试、室内试验等手段,初步查明沿线软土的成因类型、分布范围、埋藏条件及古河道、暗塘、暗浜的分布,地下水类型、埋藏深度、活动情况、补给与排泄条件。
2 对控制路线方案的软土地段,尚应查明软土的层位、层厚、物理、力学、化学、水理性质等工程地质特征,并初步分析其变形和稳定性。

3.4.3 初步勘察工程地质调绘范围应满足路线方案比选的需要,对地质条件复杂并控制路线方案的软土地段,必要时应扩大调绘范围。

3.4.4 钻探与原位测试应符合下列规定:
1 软土地段应以挖探、简易钻探、静力触探等方法为主,辅以物探。每个地貌单元与次一级工程地质分区必须有勘探点。不同的软土类别分段应设置勘探孔。当软土成层复杂、变化大、附加应力显著变化或有山间洼地时,勘探点应加密。
2 控制路线方案或需要作为代表性路段进行设计的软土地段,应采用静力触探、十字板剪切与钻探等进行综合勘探,通过对测试指标的相互印证,确定软土的物理力学性质。
3 控制性钻孔应布置在有代表性的部位。当软土深厚或厚度变化不大时,宜布置在路中心;当下卧硬层顶面坡度较大时,宜布置在下坡一侧。每一地貌单元或地质单元、重要工点均应有控制性钻孔。控制性钻孔不应少于钻孔总数的20%。

4　沿路线方向勘探点的平均布设间距（密度）不应低于表3.4.4的规定。

表3.4.4　勘探点布设间距

环境类别	公路等级	勘探点间距(m)	
		钻探	静力触探
简单场地	二级及二级以上	700~1 000	250~300
	二级以下	1 000~1 500	500
复杂场地	二级及二级以上	500~700	200~300
	二级以下	700~1 000	300

注：1. 简单场地是指软土埋藏较深、厚度较薄、地层较稳定的地质环境。
　　2. 复杂场地是指软土埋藏浅、厚度较大、地层变化显著的地质环境。
　　3. 设计填土高度大于极限高度的路段或桥头路段采用低限。

5　应在具有代表性的横断面上布置一定数量的勘探点，且宜以静力触探为主查明工程地质条件。

6　应在每个具有代表性的地质路段，沿深度方向对可能影响地基稳定性的软土层进行十字板剪切试验。十字板剪切试验沿深度方向测试间距应不大于1m。

7　钻探深度应根据软土分布厚度及路堤填土高度确定，对于较薄的软土，应穿透软土至主要持力层内2~5m或下伏基岩；对于较均质厚层软土，钻孔深度应达到预估的地基附加应力与地基土自重（饱和层用浮重度）应力比为0.10~0.15时所对应的深度。当难以预估附加应力的大小，或处于桥头等较高路堤位置时，控制性钻孔的深度宜不小于40m。

8　静力触探的深度，宜达到软土分布的底层。作为参数孔时，应设置于钻探孔5m范围以内。

9　软土取样宜采用均匀连续压入法及下击式重锤少击法。流塑软土层应跟管钻进，套管管靴应高出取样部位100~200mm。采取原状土样时应使用薄壁取土器，取土器的直径不宜小于108mm。

10　对非均质土层，在地面下10m以内，应每1.0~1.5m取一组样品；10m以下可每1.5~2.0m取一组样品；变层时应补取样品。对于厚度大于或等于5m的均质土层，应在该层的上、中、下部各取一组样品。控制性钻孔应连续采取各土层原状土样。

3.4.5　初步勘察工程地质报告文字说明应阐明沿线软土地基和各工点软土成因类型与分布规律，软土的物理、力学指标特点，并针对各类工程项目与该地段地质环境、指标特性的相互作用，作出工程地质评价与预测，提出地基处理措施建议。

3.4.6　初步勘察工程地质报告图表资料中，工程地质平面图应包括全段工程地质平面图和路线各比较方案软基路段工程地质平面图；工程地质纵断面图应包括全段工程地质纵断面图和路线各比较方案软基路段工程地质纵断面图。比例尺应根据具体情况，在下列范围内选用：

1　工程地质平面图，比例尺为1∶2 000~1∶10 000；

2　工程地质纵断面图,比例尺为水平1:2 000~1:10 000,垂直1:200~1:1 000;
3　工程地质横断面图,比例尺为1:100~1:400;
4　工程地质钻孔柱状图,比例尺为1:100~1:200。
各比较方案软基路段工程地质纵断面图的水平比例尺可视路段长度选用。

3.5　详细勘察

3.5.1　详细勘察应逐段查明路线范围内软土的工程地质特性,为路堤稳定性与沉降验算和处理方案选择提供准确的技术指标。

3.5.2　详细勘察应包括下列内容:
1　在初步勘察成果的基础上,进一步查明硬壳层、软土夹层、软土层、排水层、下卧层的工程地质条件,以及地下水存在、变化与补给情况。
2　根据软土成因类型、各结构层厚度及特点,划分出不同地质分段,查清软土沿路线与垂直路线方向以及沿深度方向的分布范围与层位。
3　分段对软土地基各地层的样品进行室内物理、力学、化学、水理性质指标试验及现场原位测试,提供路堤稳定与沉降计算的技术指标。
4　计算分析典型路段路堤的稳定与沉降,分段提供技术建议或地基处理方案。

3.5.3　详细勘察工程地质调绘应进行下列工作:
1　对初步勘察调绘所列调查内容进行补充,并核对沿初步设计推荐的路线范围内的工程地质条件。
2　整理路线中线左、右各100~200m宽范围内的工程地质测绘资料,填制1:2 000工程地质图。
3　对已收集到的区域地质图范围内软土的性质、分布、地质年代、成因类型、基底性质及沿线地貌特征进行核对与验证。

3.5.4　详细勘察钻探与原位测试应符合下列规定:
1　详细勘察应采用以钻探和原位测试为主的综合勘探方法进行勘探。沿路线方向勘探点的平均布设间距可按表3.5.4确定。

表3.5.4　勘探点布设控制间距

环境类别	公路等级	勘探点间距(m)	
		钻探	静力触探
简单场地	二级及二级以上	500~700	200~300
	二级以下	700~1 000	300~500
复杂场地	二级及二级以上	300~500	100~200
	二级以下	500~1 000	200~300

注:设计填土高度大于极限高度的路段或桥头路段采用低限。

2 简单场地每公里应增设不少于 1 个静力触探参数孔点,复杂场地每公里应增设不少于 2 个静力触探参数孔点,每段软土地基不得少于 1 个静力触探参数孔点。

3 应在代表性的横断面上布置 2~4 个勘探点,其中钻孔不宜少于 1 个,调查横向地质断面的特征。

4 对于天然含水率大于液限或在自重应力下不能保持原有结构形状的软土,以及为检验用室内抗剪强度试验指标计算稳定性的结果时,应进行十字板剪切试验,取得现场软土不排水抗剪强度及灵敏度资料。其设置间距应满足每一具有代表性的地质路段的各软土地层内,均有两组以上完整的现场剪切指标。

5 可采用挖探或轻便螺纹钻探配合工作。

6 有关勘探孔的深度规定与初步勘察阶段相同。

7 软土取样,对非均质土层,在地面以下 10m 内,应沿深度每 1.0m 取一组样品;在地面下 10~20m,应沿深度每 1.5m 取一组样;20m 以下可每 2.0m 取一组样;变层时应补取样品。对于厚度大于或等于 5m 的均质土层,应根据初步勘察资料对相同性质和相近指标的层次,在各层顶部和底部至少各取一组样品;中部至少取两组样品。对硬壳层、软土间的夹层以及排水砂层,应采集样品。

3.5.5 详细勘察样品的室内试验除应符合本细则第 3.1.8 条的规定外,尚应符合下列规定:

1 与构造物相邻的高路堤段,宜取样进行高压固结试验。
2 剪切试验宜采用三轴试验方法。

3.5.6 详细勘察工程地质报告文字说明应说明区域地质、地震地质、水文地质、气象、地形、地貌等有关资料,重点阐明已定路线软土地基形成特点与分布规律,并针对各类工程项目与地质环境的相互作用,结合试验与测试指标作出工程地质评价与预测,提出有效的地基处理措施。

3.5.7 详细勘察工程地质报告软土地基部分的图表资料应符合本细则第 3.1.10 条的规定及第 3.4.6 条中比例尺相关规定,其中工程地质纵断面图应包括全段工程地质纵断面图和路线各典型路段工程地质纵断面图。各典型路段工程地质纵断面图的水平比例尺可视路段长度选用。

4 稳定与沉降计算

4.1 一般规定

4.1.1 软土地基路堤稳定验算与沉降计算应根据软土层厚度、软土层强度以及路堤高度分段进行。

4.1.2 稳定验算与沉降计算应按分层地基进行,不得简化为均质地基。

4.1.3 软土地基沉降应计算至附加应力与自重应力之比不大于 0.15 处。

4.1.4 稳定验算应按路堤施工期及公路运营期的荷载分别计算稳定安全系数。施工期荷载可仅考虑路堤自重;运营期荷载应包括路堤自重、路面的增重及行车荷载。地震力计算可仅考虑水平向地震力。

4.1.5 稳定验算时行车荷载可按静止的土柱作用考虑。换算土柱高度可按车辆荷载均布于车辆投影面积上换算得出,土柱位置应选择路堤上车辆荷载最不利的作用位置。

4.1.6 路堤高度小于或等于 2.5m 时,应考虑行车动荷载对沉降的影响。

4.1.7 路基预压或超填时,稳定验算与沉降计算的路基高度应包含预压高度或超填高度。

4.2 稳定验算

4.2.1 软土地基路堤的稳定验算宜采用圆弧滑动法中的有效固结应力法、改进总强度法,在试验段或路堤的重点部位设计时,可采用简化毕肖普法、简布普遍条分法。

条文说明

简化毕肖普法和简布普遍条分法都是较精确的计算方法,简布普遍条分法还常用于非圆弧滑动面的稳定验算。但由于两种计算方法需要采用有效抗剪强度指标,取样试验的工作量比较大,且对计算精度提高有限,因此提出只在试验工程或路堤的重点部位等对计算精度比较敏感的部位,有选择性地应用。

4.2.2 采用有效固结应力法进行稳定验算时,稳定安全系数 F 可按式(4.2.2)计算。

$$F = \frac{\sum\limits_A^B (c_{qi}L_i + W_{Ii}\cos\alpha_i\tan\varphi_{qi} + W_{IIi}U_i\cos\alpha_i\tan\varphi_{cqi}) + \sum\limits_B^C (c_{qi}L_i + W_{IIi}\cos\alpha_i\tan\varphi_{qi})}{\sum\limits_A^B (W_I + W_{II})_i\sin\alpha_i + \sum\limits_B^C W_{IIi}\sin\alpha_i}$$

(4.2.2)

式中:c_{qi}、φ_{qi}——地基土或路堤填料的黏聚力(kPa)和内摩擦角(°),由快剪试验测得;
  φ_{cqi}——地基土的内摩擦角(°),由固结快剪试验测得;
  U_i——地基平均固结度(%);
  α_i——土条底面与水平面交角(°);
  L_i——土条底面弧长(m);
  W_{Ii}——土条地基部分重力(kN);
  W_{IIi}——土条路堤部分重力(kN)。

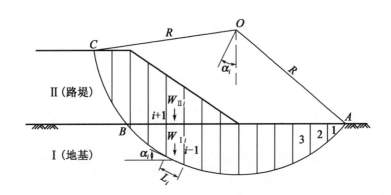

图 4.2.2 安全系数计算图

4.2.3 采用改进总强度法进行稳定验算时,稳定安全系数 F 可按式(4.2.3)计算。

$$F = \frac{\sum\limits_A^B (S_{ui} + W_{IIi}U_i m_i\cos\alpha_i)L_i + \sum\limits_B^C (c_{qi}L_i + W_{IIi}\cos\alpha_i\tan\varphi_{qi})}{\sum\limits_A^B (W_I + W_{II})_i\sin\alpha_i + \sum\limits_B^C W_{IIi}\sin\alpha_i}$$

(4.2.3)

式中:S_{ui}——十字板试验得到的抗剪强度(kPa),或由静力触探试验的贯入阻力(单桥探头)、锥尖阻力(双桥探头)换算的十字板抗剪强度;

m_i——地基土层强度增长系数,可按表4.2.3取值。

表4.2.3　地基土层强度增长系数

土名	描　　述	m_i
泥炭	在潮湿和缺氧条件下,由未充分分解的喜水植物遗体堆积而形成的泥沼覆盖层。呈纤维状,深褐色至黑色。有机质含量大于或等于60%,含水率大于300%,孔隙比大于10	0.35
泥炭质土	喜水植物遗体大部分完全分解后形成的有臭味、呈黑泥状的细粒土。有机质含量大于或等于10%且小于60%,可细分为弱泥炭质土、中泥炭质土、强泥炭质土,含水率不超过300%,孔隙比大于3	0.20
有机质土	在多水环境下由分解的植被植物所组成的细粒土,其中混有矿物颗粒。有机质含量大于或等于5%且小于10%,淤泥、淤泥质土属于此类	0.25
黏质土	塑性指数(76g锥)大于17的土	0.30
粉质土	塑性指数(76g锥)大于10且不大于17的土	0.25

4.2.4　采用简化毕肖普法进行稳定验算时,稳定安全系数 F 可按式(4.2.4-1)～式(4.2.4-3)采用迭代法计算。

$$F = \frac{\sum_{A}^{B}\{c'_i b_i + [(W_{\mathrm{I}} + W_{\mathrm{II}})_i - u_i b_i]\tan\varphi'_i\}/m_{\mathrm{I}\alpha i} + \sum_{B}^{C}(c_{qi}b_i + W_{\mathrm{II}i}\cos\alpha_i\tan\varphi_{qi})/m_{\mathrm{II}\alpha i}}{\sum_{A}^{B}(W_{\mathrm{I}} + W_{\mathrm{II}})_i\sin\alpha_i + \sum_{B}^{C}W_{\mathrm{II}i}\sin\alpha_i}$$

(4.2.4-1)

$$m_{\mathrm{I}\alpha i} = \cos\alpha_i + \tan\varphi'_i \sin\alpha_i / F \quad (4.2.4\text{-}2)$$

$$m_{\mathrm{II}\alpha i} = \cos\alpha_i + \tan\varphi_{qi}\sin\alpha_i / F \quad (4.2.4\text{-}3)$$

式中:c'_i、φ'_i——地基土三轴试验测得的有效黏聚力(kPa)和有效内摩擦角(°);

　　　　b_i——分条的水平宽度(m),即 $b_i = L_i\cos\alpha_i$;

　　　　u_i——滑动面上的孔隙水压力(kPa)。

4.2.5　采用简布普遍条分法进行稳定验算时,稳定安全系数 F 可按式(4.2.5)采用迭代法计算。

$$F = \frac{\sum_{A}^{B}\{c'_i b_i + [(W_{\mathrm{I}} + W_{\mathrm{II}})_i - u_i b_i + \Delta T_i]\tan\varphi'_i\}/(m_{\mathrm{I}\alpha i}\cos\alpha_i) + \sum_{B}^{C}(c_{qi}b_i + W_{\mathrm{II}i}\cos\alpha_i\tan\varphi_{qi} + \Delta T_i)/(m_{\mathrm{II}\alpha i}\cos\alpha_i)}{\sum_{A}^{B}(W_{\mathrm{I}} + W_{\mathrm{II}} + \Delta T)_i\tan\alpha_i + \sum_{B}^{C}(W_{\mathrm{II}} + \Delta T)_i\tan\alpha_i}$$

(4.2.5)

式中:ΔT_i——土条两侧边界上的剪力增量,根据土条两侧边界上法向力作用点位置计算。

4.2.6　当稳定安全系数小于表4.2.6规定的容许值时,应针对稳定性进行处理设计。

表4.2.6 稳定安全系数容许值

指标	有效固结应力法		改进总强度法		简化毕肖普法、简布普遍条分法
	不考虑固结	考虑固结	不考虑固结	考虑固结	
直接快剪	1.1	1.2	—	—	—
静力触探、十字板剪切	—	—	1.2	1.3	—
三轴有效剪切指标	—	—	—	—	1.4

注：表列稳定安全系数未考虑地震影响。当需要考虑地震力时，表列稳定安全系数减小0.1。

条文说明

工程实例表明，稳定验算的容许安全系数与所采用的计算方法及采用的抗剪强度指标有关，对不同的设计计算方法和强度指标应该采用不同的容许安全系数，才能够准确地评价工程安全与否。因此，根据不同的计算方法与抗剪强度指标，分别给出了稳定安全系数容许值。

4.3 沉降计算

4.3.1 主固结沉降 S_c 应采用分层总和法计算，计算参数可采用由压缩试验得到的 e-p 曲线、压缩模量 E_s 或 e-lg$p$ 曲线。

4.3.2 采用 e-p 曲线计算时，主固结沉降 S_c 可按式（4.3.2）计算。

$$S_c = \sum_{i=1}^{n} \frac{e_{0i} - e_{1i}}{1 + e_{0i}} \Delta h_i \qquad (4.3.2)$$

式中：n——压缩土层内土层分层的数目；
　　　e_{0i}——地基中各分层在自重应力作用下的稳定孔隙比；
　　　e_{1i}——地基中各分层在自重应力和附加应力共同作用下的稳定孔隙比；
　　　Δh_i——地基中各分层的初始厚度（m）。

4.3.3 采用压缩模量 E_s 计算时，主固结沉降 S_c 可按式（4.3.3）计算。

$$S_c = \sum_{i=1}^{n} \frac{\Delta p_i}{E_{si}} \Delta h_i \qquad (4.3.3)$$

式中：E_{si}——地基中各分层的压缩模量（kPa）；
　　　Δp_i——地基中各分层中点的附加应力（kPa）。

4.3.4 采用 e-lg$p$ 曲线计算时，主固结沉降 S_c 可分正常固结土、欠固结土和超固结土三种情况分别计算。

1　正常固结土、欠固结土的主固结沉降 S_c 可按式（4.3.4-1）计算。

$$S_c = \sum_{i=1}^{n} \frac{\Delta h_i}{1 + e_{0i}} C_{ci} \lg\left(\frac{p_{0i} + \Delta p_i}{p_{ci}}\right) \qquad (4.3.4\text{-}1)$$

式中：p_{0i}——地基中各分层中点的自重应力（kPa）；
　　　p_{ci}——地基中各分层中点的先期固结压力（kPa）；
　　　C_{ci}——土层的压缩指数。

2　超固结土的主固结沉降 S_c 可按式（4.3.4-2）、式（4.3.4-3）计算。

1）当 $\Delta p \geq p_c - p_0$ 时：

$$S_c = \sum_{i=1}^{n} \frac{\Delta h_i}{1+e_{0i}}\left[C_{si}\lg\left(\frac{p_{ci}}{p_{0i}}\right) + C_{ci}\lg\left(\frac{p_{0i}+\Delta p_i}{p_{ci}}\right)\right] \qquad (4.3.4\text{-}2)$$

2）当 $\Delta p < p_c - p_0$ 时：

$$S_c = \sum_{i=1}^{n} \frac{\Delta h_i}{1+e_{0i}} C_{si}\lg\left(\frac{p_{0i}+\Delta p_i}{p_{0i}}\right) \qquad (4.3.4\text{-}3)$$

式中：C_{si}——土层的回弹指数。

4.3.5　最终沉降 S_∞ 宜按式（4.3.5-1）计算。

$$S_\infty = m_s S_c \qquad (4.3.5\text{-}1)$$

式中：m_s——沉降系数，宜根据现场沉降观测资料确定，也可采用经验公式（4.3.5-2）估算：

$$m_s = 0.123\gamma^{0.7}(\theta H^{0.2} + VH) + Y \qquad (4.3.5\text{-}2)$$

　　　H——路堤中心高度（m）；
　　　γ——路堤填料的重度（kN/m³）；
　　　θ——地基处理类型系数，用塑料排水板处理时取 0.95~1.1，用水泥搅拌桩处理时取 0.85，预压时取 0.90；
　　　V——加载速率修正系数，加载速率在 20~70mm/d 之间时，取 0.025；采用分期加载，速率小于 20mm/d 时取 0.005；采用快速加载，速率大于 70mm/d 时取 0.05；
　　　Y——地质因素修正系数，当同时满足软土层不排水抗剪强度小于 25kPa、软土层的厚度大于 5m、硬壳层厚度小于 2.5m 三个条件时，$Y = 0$，其他情况下可取 $Y = -0.1$。

4.3.6　最终沉降 S_∞ 也可由瞬时沉降 S_d、主固结沉降 S_c 及次固结沉降 S_s 三者之和按式（4.3.6）计算。

$$S_\infty = S_d + S_c + S_s \qquad (4.3.6)$$

4.3.7　瞬时沉降 S_d 可按式（4.3.7-1）和式（4.3.7-2）计算。

$$S_d = F\frac{pB}{E} \qquad (4.3.7\text{-}1)$$

$$B = b + \frac{a}{2} \qquad (4.3.7\text{-}2)$$

式中：p——路堤底面中点的最大垂直应力（kPa）；

E——由无侧限抗压强度试验得到的弹性模量的平均值（kPa），应按分层厚度加权平均计算；

F——路堤中线沉降系数，可由图4.3.7查得；当缺少泊松比的实测资料时，可取泊松比$\mu = 0.4 \sim 0.5$；

其余符号可参见图4.3.7。

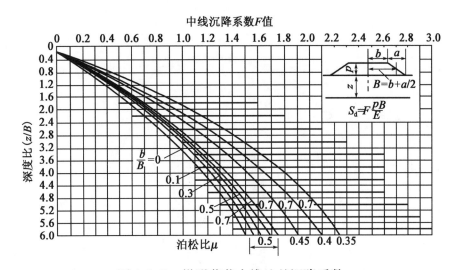

图4.3.7 梯形荷载中线地基沉降系数

4.3.8 次固结沉降S_s可按式（4.3.8）计算。

$$S_s = \sum_{i=1}^{n} \frac{I_{ai}}{1+e_{ci}} \lg\left(\frac{t_A}{t_{ci}}\right) h_i \tag{4.3.8}$$

式中：h_i——各土层的厚度（m）；

t_{ci}——主固结完成所需要的时间（d）；

e_{ci}——主固结完成时土的孔隙比；

t_A——计算次固结变形所要求的总时间（d）；

I_{ai}——次固结系数，可由土层取样进行室内高压固结试验得到的e-$\lg t$曲线确定。

4.3.9 任一时刻地基的沉降S_t，应考虑主固结随时间的变化过程，可按式（4.3.9）计算。

$$S_t = S_d + S_c U + S_s \tag{4.3.9}$$

式中：U——地基平均固结度，可采用太沙基一维固结理论解计算；对于砂井、塑料排水板等竖向排水体处理的地基，固结度可按太沙基—伦杜立克固结理论轴对称条件固结方程在等应变条件下的解答来计算。

4.3.10 工后沉降S_p应按式（4.3.10）计算。

$$S_p = S_0 - S_{cp} \tag{4.3.10}$$

式中:S_0——路面设计使用年限内地基发生的总沉降(m);

S_{cp}——路基路面施工(预压)期沉降(m)。

4.3.11 当工后沉降不满足表4.3.11的要求时,应针对沉降进行处理设计。

表4.3.11 容许工后沉降(m)

公路等级	工程位置		
	桥台与路堤相邻处	涵洞、箱涵、通道处	一般路段
高速公路、一级公路	≤0.10	≤0.20	≤0.30
二级公路(作为干线公路时)	≤0.20	≤0.30	≤0.50

注:二级非干线及二级以下公路工后沉降控制标准,经论证后可较二级干线公路适当放宽。

4.4 地基平均固结度计算

4.4.1 软土地基固结应包括竖向固结与水平向固结两部分,可采用太沙基固结理论计算。

4.4.2 竖向固结条件下,地基竖向平均固结度U_v可按式(4.4.2-1)~式(4.4.2-4)计算。

$$U_v = \frac{2\alpha U_0 + (1-\alpha)U_1}{1+\alpha} \quad (4.4.2\text{-}1)$$

$$U_0 = 1 - \frac{8}{\pi^2}\left(e^{-N} + \frac{1}{9}e^{-9N} + \frac{1}{25}e^{-25N} + \cdots\right) \quad (4.4.2\text{-}2)$$

$$U_1 = 1 - \frac{32}{\pi^3}\left(e^{-N} - \frac{1}{27}e^{-9N} + \frac{1}{125}e^{-25N} - \cdots\right) \quad (4.4.2\text{-}3)$$

$$N = \frac{\pi^2}{4}\frac{C_v}{H^2}t \quad (4.4.2\text{-}4)$$

式中:α——排水面处的附加应力与不透水面处的附加应力之比;

C_v——竖向固结系数(m^2/s);

H——孔隙水的最大渗径(m),单面排水时取压缩层的厚度,双面排水时取压缩层厚度的一半;

t——固结时间(s)。

4.4.3 地基中设有砂井或其他形式的竖向排水体时,径向固结度U_r可按式(4.4.3-1)~式(4.4.3-3)计算。

$$U_r = 1 - e^{-\frac{8T_r}{F_n}} \quad (4.4.3\text{-}1)$$

$$T_r = \frac{C_r}{d_e^2}t \quad (4.4.3\text{-}2)$$

$$F_n = \frac{n^2}{n^2-1}\ln(n) - \frac{3n^2-1}{4n^2} \quad (4.4.3\text{-}3)$$

式中：C_r——径向固结系数（m^2/s）；

　　　n——井径比，即砂井的有效排水直径 d_e 与砂井的直径 d_w 之比；

　　　d_e——砂井的有效排水直径（m），当砂井在平面上为正方形布置时，$d_e=1.128d$；当为等边三角形布置时，$d_e=1.05d$；

　　　d——砂井的间距（m）。

4.4.4 地基中设有砂井或其他形式的竖向排水体时，砂井区地基总的平均固结度 U 可按式（4.4.4）计算。

$$U = 1 - (1 - U_r)(1 - U_v) \qquad (4.4.4)$$

4.4.5 砂井底面以下地基的固结度应按 U_v 计算，U_v 的排水距离 H' 可按式（4.4.5-1）和式（4.4.5-2）计算。

$$H' = \left(1 - \xi \frac{H_1}{H_1 + H_2}\right)(H_1 + H_2) \qquad (4.4.5-1)$$

$$\xi = 1 - \sqrt{\frac{\pi^2 C_v/(2H)^2}{\pi^2 C_v/(2H)^2 + 8 C_r/(F_n d_e^2)}} \qquad (4.4.5-2)$$

式中：H_1、H_2——砂井深度及砂井以下压缩土层厚度（m）。

4.5 地基平均固结度修正

4.5.1 地基平均固结度可采用改进的太沙基法或改进的高木俊介法修正。

4.5.2 采用改进的太沙基法时，多级等速加载下修正后的地基平均固结度 U'_t 可按式（4.5.2）计算。

$$U'_t = \sum_{i=1}^{n} U_{t\left(t-\frac{t_i+t_{i-1}}{2}\right)} \frac{\Delta p_i}{\sum \Delta p_t} \qquad (4.5.2)$$

式中：t_i、t_{i-1}——各级等速加载的起点和终点时间（d），当 t 在某一级等速加载的过程中时，取 $t_i = t$；

　　　Δp_i——第 i 级等速加载的荷载增量，当 t 在某一级等速加载的过程中时，用该点的荷载增量（kPa）；

　　$\sum \Delta p_t$——t 时 n 级荷载的累加（kPa）。

4.5.3 采用改进的高木俊介法时，多级等速加载下修正后的地基平均固结度 U'_t 可按式（4.5.3）计算。

$$U'_t = \sum_{i=1}^{n} \frac{q_i}{\sum \Delta p_t}\left[(t_i - t_{i-1}) - \frac{\alpha}{\beta} e^{-\beta t}(e^{\beta t_i} - e^{\beta t_{i-1}})\right] \qquad (4.5.3)$$

式中：q_i——第 i 级荷载平均加载速率（kPa/d）；

α、β——参数,可按表4.5.3取值。

表4.5.3 α、β 值

排水固结条件	竖向排水固结 $U_v > 30\%$	径向排水固结	竖向和径向排水固结（砂井贯穿土层）	砂井未贯穿土层固结
α	$\dfrac{8}{\pi^2}$	1	$\dfrac{8}{\pi^2}$	$\dfrac{8}{\pi^2}Q$
β	$\dfrac{\pi^2 C_v}{4H^2}$	$\dfrac{8C_r}{F_n d_e^2}$	$\dfrac{\pi^2 C_v}{4H^2} + \dfrac{8C_r}{F_n d_e^2}$	$\dfrac{8C_r}{F_n d_e^2}$

注:$Q \approx H_1/(H_1 + H_2)$。

4.5.4 考虑井阻和涂抹作用的砂井,径向固结度宜乘以0.80～0.95的折减系数。

5 地基处理设计

5.1 一般规定

5.1.1 软土地基处理设计应按地质资料准备、设计路段划分、稳定性和地基沉降计算、处理方案设计的流程进行。

5.1.2 各设计路段的软土参数应根据工程地质勘察报告的有关内容,以勘探孔为单位,对沉降计算和稳定验算所需要的物理、力学参数进行整理后确定;对于缺失的参数,可通过其他参数的综合对比分析,参考相邻孔确定。

5.1.3 软土地基处理的方案设计应按因地制宜、就地取材、经济实用的原则进行。对软土性质差、地基条件复杂或有特殊要求的地基处理工程,可采用两种或两种以上措施进行综合处理。公路软土地基常用处理方法及适用范围见附录A。

5.1.4 现有公路拓宽改建时,拓宽部分的工后沉降应满足表4.3.11中桥台与路堤相邻处的规定,且拓宽路堤的路拱横坡度工后相对于交工时的增大值不应大于0.5%。

条文说明

软土地基上拓宽改建的公路,新增拓宽部分路堤的荷载会对已稳定老路的地基产生影响,造成附加沉降,引起路面结构层的应力增大,导致路面开裂破坏,对路面平整度也会产生影响,所以应对差异沉降进行控制。根据国内已有拓宽高速公路的实践经验,《公路路基设计规范》(JTG D30—2004)规定了拓宽路堤的路拱横坡度工后增大值不应大于0.5%的要求,实际上就是对横向差异沉降的控制。据此,提出了条文要求。

5.1.5 处理与未处理以及不同地基处理方案衔接处应缓和过渡,减小差异沉降。相邻路段差异沉降引起的纵坡变化应控制在0.4%以内。

5.1.6 复杂场地软土地基处理过程中应加强动态观测,收集影响设计的各种因素及变化情况,及时制订相应方案,保证安全。

5.1.7 软土地基处理设计,应根据确定的设计方案编制特殊路基设计表,表中应包括处理路段的起讫桩号、路段长度、处理方案、总沉降、预压期沉降、工后沉降、预压设计高度、处理方案的工程数量等内容。

5.2 垫层和浅层处理

5.2.1 垫层和浅层处理适用于表层软土厚度小于3m的浅层软弱地基处理。

5.2.2 垫层类型按材料可分为碎石垫层、砂砾垫层、石屑垫层、矿渣垫层、粉煤灰垫层以及灰土垫层等。

5.2.3 起排水作用的碎石垫层、砂砾垫层的厚度宜为0.5m,不应小于0.3m,并应满足地基固结排水所需要的排水能力要求。当垫层兼起排淤作用时,其厚度应适当加大。垫层宜满铺,且两侧各宽出路堤底宽0.5~1.0m。当路堤较宽且排水距离长,或者预计有大量地下水渗出,仅靠排水垫层不能完全满足排水需要时,可在适当位置设置排水盲沟。

5.2.4 碎石垫层底宜设置0.2~0.3m厚的砂层。粉煤灰垫层底宜设置0.2m厚的粗砂层或高炉矿渣层。

5.2.5 浅层处理可采用换填垫层、抛石挤淤、稳定剂处理等方法,处理深度不宜大于3m。

5.2.6 设置小型构造物处,浅层处理法换填垫层的厚度宜根据构造物的要求确定,并符合式(5.2.6-1)~式(5.2.6-3)的要求。

$$p_z + p_{cz} \leq f_{ak} \tag{5.2.6-1}$$

$$p_z = \frac{b(p_k - p_c)}{b + 2z\tan\theta} \quad (\text{条形基础}) \tag{5.2.6-2}$$

$$p_z = \frac{bl(p_k - p_c)}{(b + 2z\tan\theta)(l + 2z\tan\theta)} \quad (\text{矩形基础}) \tag{5.2.6-3}$$

式中:p_z——相应于荷载效应标准组合时,垫层底面处的附加应力(kPa);

p_{cz}——垫层底面土的自重应力(kPa);

f_{ak}——垫层底面经深度修正后的地基承载力特征值(kPa);

b——矩形基础或条形基础底面的宽度(m);

l——矩形基础或条形基础底面的长度(m);

p_k——相应于荷载效应标准组合时,基础底面的平均应力(kPa);

p_c——基础底面土的自重应力(kPa);

z——基础底面下垫层的厚度(m);

θ——垫层的应力扩散角($°$),宜通过试验确定,无试验资料时,可按表5.2.6取用。

表5.2.6 应力扩散角 θ($°$)

z/b	换填材料		
	中砂、粗砂、砾砂、圆砾、角砾、石屑、碎石、矿渣	粉煤灰	灰土
0.25	20	6	28
≥0.50	30	23	

注:1. 当 z/b<0.25 时,除灰土取 θ=28°外,其余材料均取 θ=0°;必要时,宜由试验确定。
2. 当 0.25<z/b<0.5 时,θ 值可线性内插。

5.2.7 垫层底面的宽度 b' 应满足基础底面应力扩散的要求,可按式(5.2.7)确定。

$$b' \geqslant b + 2z\tan\theta \tag{5.2.7}$$

式中:θ——应力扩散角,可按表5.2.6取用;

当 z/b<0.25 时,仍按 z/b=0.25 取 z 值。

5.2.8 垫层的承载力宜通过现场载荷试验确定,并应进行下卧层承载力的验算。当缺乏资料时,垫层的承载力可参考表5.2.8确定。

表5.2.8 垫层的承载力

换填材料	承载力特征值 f_{ak}(kPa)
碎石	200~300
砂夹石(其中碎石占全重的30%~50%)	200~250
土夹石(其中碎石占全重的30%~50%)	150~200
中砂、粗砂、砾砂、圆砾、角砾	150~200
石屑	120~150
灰土	200~250
粉煤灰	120~150
矿渣	200~300

注:1. 下卧层较软弱的垫层,承载力特征值取低值,反之取高值。
2. 原状矿渣垫层取低值,分级矿渣或混合矿渣垫层取高值。

5.2.9 垫层顶面的压实度要求应与相同层次的路堤填料压实度要求相同。

5.3 竖向排水体

5.3.1 竖向排水体适用于深度大于3m的软土地基处理。用于对淤泥质土和淤泥地基进行处理时,宜与加载预压或真空预压方案联合使用。采用竖向排水体处理软土地基时,应保证有足够的预压期。

5.3.2 竖向排水体处理地基设计应包括下列内容：
1 确定排水体类型、断面尺寸、间距、排列方式和深度。
2 确定预压荷载大小、荷载分级、加载速率和预压时间。
3 计算地基土的固结度与强度增长。

5.3.3 用于竖向排水体的袋装砂井直径宜为 70～100mm，塑料排水板或其他类似的复合排水体断面尺寸宜为 100mm×(4～5)mm。对塑料排水板及类似的由土工合成材料制成的复合排水体，计算时应根据与袋装砂井周长相等的原则按式（5.3.3）进行当量直径 d_w 的换算。

$$d_w = \alpha \frac{2(b+\delta)}{\pi} \tag{5.3.3}$$

式中：α——排水板在周围土压力作用下，透水能力的折减系数，可取 0.75～1.0；
b、δ——排水板的宽度与厚度。

5.3.4 竖向排水体的间距应根据地基土的固结特性和预压期内所要求达到的固结度确定，但不宜大于 1.5m。

5.3.5 竖向排水体可按正方形或等边三角形布置，如图 5.3.5 所示。设计计算时，排水体有效排水直径 d_e 与排水体间距 S 可按式（5.3.5-1）、式（5.3.5-2）换算。
1 正方形布置时：
$$d_e = 1.128S \tag{5.3.5-1}$$
2 等边三角形布置时：
$$d_e = 1.05S \tag{5.3.5-2}$$

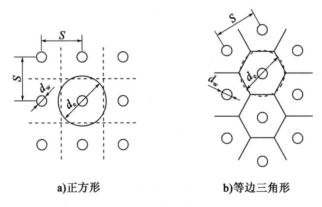

a）正方形   b）等边三角形

图 5.3.5 竖向排水体的布置形式

5.3.6 竖向排水体的深度应根据地基的稳定性、变形要求和工期确定，宜贯穿整个压缩土层。

5.3.7 对采用挤土方式施工的竖向排水体，应考虑涂抹对土体固结的影响。当竖向排水体的纵向通水量与天然土层水平向渗透系数的比值较小,且长度较长时,尚应考虑井阻影响。

5.3.8 对竖向排水体未穿透压缩土层的地基,应分别计算竖向排水体所穿透土层的平均固结度和竖向排水体底面以下附加应力与自重应力之比大于 0.15 土层的平均固结度。

5.3.9 计算预压荷载下饱和黏性土地基中某点的抗剪强度 τ_{ft} 时,应考虑土体天然的固结状态。对正常固结饱和黏性土地基,抗剪强度可按式(5.3.9)计算。

$$\tau_{ft} = \tau_{f0} + \Delta\sigma_z U_t \tan\varphi_{cu} \tag{5.3.9}$$

式中:τ_{f0}——地基土的天然抗剪强度(kPa);

$\Delta\sigma_z$——预压荷载引起的该点的竖向附加应力(kPa);

U_t——该点土的固结度(%);

φ_{cu}——三轴固结不排水剪切试验求得的土的内摩擦角(°)。

5.3.10 应在地基上铺设与竖向排水体相连的排水垫层,垫层材料可为砂、碎石或砂砾,厚度宜为 0.5m,材料中小于 5mm 颗粒的含泥量不宜大于 5%,渗透系数不宜小于 1×10^{-3} cm/s。

5.4 真空预压

5.4.1 真空预压法适用于对软土性质很差、土源紧缺、工期紧的软土地基进行处理。软土的渗透系数应小于 1×10^{-5} cm/s。当加固区与外界有透水性的砂层或漏气介质连通时,应采取隔离措施。

5.4.2 在设计前除应了解常规土性指标外,尚应收集下列资料:
1 土的渗透性;
2 土层在水平和竖直方向的分布和变化;
3 透水层的位置和厚度及水源补给条件。

5.4.3 真空预压设计应包括下列内容:
1 竖向排水体设计;
2 预压加固区面积和分块大小;
3 真空预压工艺;
4 要求达到的真空度和土层的固结度;
5 真空预压地基的沉降计算;
6 真空预压地基的稳定验算。

5.4.4 真空预压法处理地基时,应同时设置塑料排水板或砂井等竖向排水体。

5.4.5 真空预压区边缘应超出工程需要的加固区轮廓线,每边增加量不得小于3m。加固区宜按方形布置。

5.4.6 真空预压的设计膜下真空负压应保持稳定,不小于70kPa,且应均匀分布。真空预压结束后竖向排水体范围内土层的平均固结度应大于90%。

5.4.7 真空预压所需抽真空设备的数量,可根据预压加固区面积的大小和形状、土层结构特点确定。一套设备处理面积宜为1 000~1 500m²。

5.4.8 当路堤的设计荷载超过真空预压的压力时,可采用真空—堆载联合预压,其总压力宜超过路堤的设计荷载。

条文说明

　　真空预压是利用大气的压力预压,理论最大压力为100kPa,在目前的工艺和设备条件下能够达到的最大压力为95kPa,对于填料重度为20kN/m³的路堤,相当于4.75m高的路堤荷载。当路堤高度超过4.75m时,仅靠真空预压达不到等载预压的效果,会造成较大的工后沉降。因此,要求对于设计荷载较大的路堤,采用真空—堆载联合预压,以获得超载预压的效果,减小工后沉降。

5.4.9 真空预压地基的沉降可按本细则第4.3节计算,其中沉降系数 m_s 可取0.6~0.9。瞬时沉降和次固结沉降可忽略不计。

5.4.10 单独采用真空预压时,真空预压期可不进行稳定验算,预压结束后地基稳定验算与堆载预压法相同。

5.5 粒料桩

5.5.1 粒料桩可采用振冲置换法或振动沉管法成桩。振冲置换法适用于处理十字板抗剪强度不小于15kPa的软土地基;振动沉管法适用于处理十字板抗剪强度不小于20kPa的软土地基。

5.5.2 粒料桩的长度、直径、间距应根据稳定、沉降计算确定,桩长不宜大于20m。当相对硬层埋深不大时,桩长应达到相对硬层。振动沉管法成桩的桩径宜为0.5m,桩间距不宜大于1.8m;振冲置换法成桩的桩径宜为0.8~1.2m,桩间距不宜大于3.0m。相邻桩的间距不应大于4倍的桩径。

5.5.3 设有粒料桩的复合地基,进行路堤整体抗剪稳定安全系数计算时,复合地基内滑动面上的抗剪强度应采用复合地基抗剪强度τ_{ps}。τ_{ps}可按式(5.5.3-1)~式(5.5.3-3)计算。

$$\tau_{ps} = m\tau_p + (1-m)\tau_s \quad (5.5.3-1)$$

$$\tau_p = \sigma\cos\alpha\tan\varphi_c \quad (5.5.3-2)$$

$$m = \frac{d^2}{d_e^2} \quad (5.5.3-3)$$

式中：τ_p——桩体部分的抗剪强度(kPa)；

　　　τ_s——地基土的抗剪强度(kPa)；

　　　σ——滑动面处桩体的竖向应力(kPa)；

　　　α——滑动面切面与水平面夹角(°)；

　　　φ_c——粒料桩的内摩擦角,桩料为碎石时可取38°,桩料为砂砾时可取35°,桩料为砂时可取28°；

　　　m——桩土面积置换率；

　　　d——桩身平均直径(m)；

　　　d_e——一根桩分担的处理地基面积的等效圆直径(m),按第5.3.5条计算。

5.5.4 粒料桩桩长深度内地基的沉降S_z可按式(5.5.4-1)和式(5.5.4-2)计算。

$$S_z = \mu_s S \quad (5.5.4-1)$$

$$\mu_s = \frac{1}{1+m(n-1)} \quad (5.5.4-2)$$

式中：μ_s——桩间土应力折减系数；

　　　n——桩土应力比,宜用当地或类似试验工程的试验资料确定；无资料时,n可取2~5,当桩底土质好、桩间土质差时取高值,否则取低值；

　　　S——粒料桩桩长深度内原地基沉降值。

5.5.5 设有粒料桩复合地基部分的平均固结度,可将粒料桩视为竖向排水体,按本细则第4.4节计算。计算时应将粒料桩的直径d折减,其折算后的排水体当量直径d_w可按式(5.5.5)计算。

$$d_w = \beta d \quad (5.5.5)$$

式中：β——当量直径折减系数,砂取0.7~1,碎石、砂砾可取1/5~1/3。

5.5.6 小型构造物下的粒料桩,应按照承载能力进行设计。粒料桩复合地基承载力特征值f_{spk}宜通过现场单桩复合地基或多桩复合地基载荷试验确定,初步设计时可按式(5.5.6-1)或式(5.5.6-2)估算。

$$f_{spk} = mf_{pk} + (1-m)f_{sk} \quad (5.5.6-1)$$

$$f_{spk} = [1+m(n-1)]f_{sk} \quad (5.5.6-2)$$

式中：f_{pk}——桩体承载力特征值(kPa),宜通过单桩载荷试验确定；

　　　f_{sk}——处理后桩间土承载力特征值(kPa),宜按当地经验取值,当无经验时,可取天然地基承载力特征值。

5.5.7 粒料桩的充盈系数应通过试桩确定。初步设计时,如缺少经验资料,充盈系数可取 1.3。

5.5.8 设有粒料桩的路堤底面应设置一层与粒料桩相连的排水垫层,垫层材料可采用碎石或砂砾,其厚度宜为 0.5m,粒料中小于 5mm 部分的含泥量不宜大于 5%,渗透系数不宜小于 1×10^{-3} cm/s。

5.6 加固土桩

5.6.1 加固土桩适用于处理十字板抗剪强度不小于 10kPa、有机质含量不大于 10% 的软土地基。

5.6.2 加固土桩的长度、直径、间距应根据稳定、沉降计算确定。竖向承载桩的长度应根据上部结构对承载力和变形的要求确定,并宜穿透软土层,到达承载力相对较高的土层。为提高抗滑稳定性而设置的桩体,其桩长应超过危险滑弧以下 2m。粉喷法加固土桩的加固深度不宜大于 12m;浆喷法加固土桩的加固深度不宜大于 20m。加固土桩的桩径不宜小于 0.5m。相邻桩的间距不应大于 4 倍桩径。

5.6.3 加固土桩设计前应进行拟处理土的室内配合比试验。应根据拟处理的最软弱层软土的性质,试验确定用于加固的固化剂和外掺剂的用量。试验用土样可采用钻探或开挖的方式从地基中采集,宜为保持天然含水率的扰动样和部分原状样;土样应采用塑料袋或其他密封容器包装,防止水分流失;采样位置不应少于 3 处。

5.6.4 加固土桩复合地基的路堤整体抗剪稳定安全系数计算中,复合地基内滑动面上的抗剪强度应采用复合地基抗剪强度 τ_{ps}。τ_{ps} 可按式(5.6.4)计算。

$$\tau_{ps} = m\tau_p + (1-m)\tau_s \tag{5.6.4}$$

式中:τ_p——桩体部分的抗剪强度,可钻取试验路段加固土桩龄期为 90d 的原状试件测无侧限抗压强度 q_u,τ_p 取 q_u 的 1/2;也可按设计配合比由室内制备的加固土试件(直径 50mm、高度 100mm 的圆柱体)测得的 90d 的无侧限抗压强度 q_u 乘以 0.30 的折减系数求得,即 $\tau_p = 0.30q_u$;用于初步设计时,还可采用 96h 高温养生无侧限抗压强度代替 90d 无侧限抗压强度。

条文说明

加固土桩的无侧限抗压强度在《公路软土地基路堤设计与施工技术规范》(JTJ 017—96)中采用的是 28d 龄期的强度,这主要考虑了强度获取时间与工程进度的配合。但是,加固土桩在路堤填到设计高度时才需要全部发挥强度,所以标准强度选28d龄期不太适宜,《建筑地基处理技术规范》(JGJ 79—2002)和《粉体喷搅法加固软弱土层技术规范》(TB 10113—96)均采用90d龄期的强度作为标准强度。从目前高速公路路堤施工情况看,桩体施工完90d,路堤可以填到3m左右,荷载并不算大,稳定计算仍是偏安全的。《港口工程地基规范》(JTJ 250—98)规定试验室水泥土强度标准值宜取90d龄期的无侧限抗压强度,但天津港湾工程研究所的研究认为,搅拌桩完成后4个月设计荷载也不能完全施加,因此建议以120d龄期的强度代替90d龄期的强度进行设计,以节省工程投资。可见将龄期与实际工程进度结合起来考虑是合理的。因此,采用90d龄期的强度比采用28d龄期的强度更切合公路工程的实际。

选90d的强度作为标准强度,由于龄期长了,会给室内试验和现场检测带来困难。解决方法之一是建立强度增长规律关系式,根据短龄期(7d、28d)的试验、检测数据,按强度增长规律推测90d的强度(表5-1)。第二种方法是采用高温快速养生,使试件在很短时间内达到标准养生90d的强度。根据专题研究的成果,高温养生30h相当于标准养生28d的强度值;高温养生96h相当于标准养生90d的强度值。

表5-1 不同地区水泥搅拌土强度与龄期关系式对比表

代表地区和资料来源	关 系 式	假设28d强度为1.0MPa,按关系式计算		备 注
		7d强度(MPa)	90d强度(MPa)	
中交第一公路勘察设计研究院(试验样品取自天津、福建、连云港和南通地区)	$q_{u28}=2.37q_{u7}-0.19$ $(r=0.87,n=12)$ $q_{u90}=1.14q_{u28}+0.85$ $(r=0.79,n=15)$	0.50	1.99	q_{u7}、q_{u28}、q_{u90}分别表示7d、28d和90d无侧限抗压强度。r、S、n分别表示相关系数、标准差和统计组数
《粉体喷搅法加固软弱土层技术规范》(TB 10113—96)	$q_{u28}=1.49q_{u7}$;$q_{u90}=1.97q_{u7}$;$q_{u90}=1.33q_{u28}$	0.67	1.33	
天津地区 天津港湾工程研究所"水泥搅拌土工程特性研究"(研究报告)	淤泥:$q_{u7}=0.364q_{u90}$ $q_{u28}=0.652q_{u90}$	0.56	1.54	
	淤泥质黏土:$q_{u7}=0.262q_{u90}$ $q_{u28}=0.485q_{u90}$	0.54	2.06	
上海地区《地基处理》(叶书麟,中国建筑工业出版社)	$q_{u7}=0.56q_{u28}$ $(r=0.98,S=0.059,n=15)$ $q_{u90}=1.63q_{u28}$ $(r=0.98,S=0.143,n=9)$	0.56	1.63	

5.6.5 加固土桩复合地基的沉降计算应包括复合地基加固区的沉降 S_1 计算和加固区下卧层的沉降 S_2 计算。

1 复合地基加固区的沉降 S_1 可按式(5.6.5-1)和式(5.6.5-2)计算。

$$S_1 = \sum_{i=1}^{n} \frac{\Delta p_i}{E_{\text{ps}i}} \Delta h_i \tag{5.6.5-1}$$

$$E_{psi} = mE_p + (1-m)E_{si} \tag{5.6.5-2}$$

式中：E_{psi}——各分层的桩土复合压缩模量(kPa)；

E_p——桩体压缩模量(kPa)；

E_{si}——各分层的土体压缩模量(kPa)。

2 加固区下卧层的沉降 S_2 可按现行《建筑地基基础设计规范》(GB 50007)的有关规定计算。

5.6.6 加固土桩复合压缩模量 E_{ps} 可按式(5.6.6-1)和式(5.6.6-2)计算。

$$E_{ps} = mE_p + (1-m)E_s \tag{5.6.6-1}$$

$$E_p = 83.4q_u \tag{5.6.6-2}$$

式中：E_p——桩体压缩模量(kPa)，应实测，无法实测时可按式(5.6.6-2)计算确定；

E_s——土体压缩模量(kPa)。

5.6.7 小型构造物下的加固土桩，应按照竖向承载桩设计。复合地基的承载力特征值 f_{spk} 应通过现场单桩复合地基或多桩复合地基载荷试验确定，初步设计时可按式(5.6.7)估算。

$$f_{spk} = m\frac{R_a}{A_p} + \beta(1-m)f_{sk} \tag{5.6.7}$$

式中：R_a——单桩承载力特征值(kN)；

A_p——桩的截面积(m^2)；

β——桩间土承载力折减系数；当桩端土未经修正的承载力特征值大于桩周土的承载力特征值的平均值时，可取 0.1~0.4，差值大时取低值；当桩端土未经修正的承载力特征值小于或等于桩周土的承载力特征值的平均值时，可取 0.5~0.9，差值大时或设置垫层时取高值。

5.6.8 加固土桩单桩竖向承载力特征值应通过现场载荷试验确定，初步设计时可按式(5.6.8-1)估算，并应同时满足式(5.6.8-2)的要求。

$$R_a = u_p \sum_{i=1}^{n} q_{si}l_i + \alpha q_p A_p \tag{5.6.8-1}$$

$$R_a \leq \eta f_{cu} A_p \tag{5.6.8-2}$$

式中：f_{cu}——与加固土桩桩身水泥土配合比相同的室内加固土试块(边长 70.7mm 或 50mm 的立方体)在标准养护条件下 90d 龄期的抗压强度平均值(kPa)；

η——桩身强度折减系数，粉喷法可取 0.20~0.30，浆喷法可取 0.25~0.33；

u_p——桩的周长(m)；

n——桩长范围内所划分的土层数；

q_{si}——桩周第 i 层土的侧阻力特征值，对淤泥可取 4~7kPa，对淤泥质土可取 6~12kPa，对软塑状态的黏性土可取 10~15kPa，对可塑状态的黏性土可以取12~18kPa；

l_i——桩长范围内第 i 层土的厚度（m）；

q_p——桩端地基土未经修正的承载力特征值（kPa），可按现行《建筑地基基础设计规范》（GB 50007）的有关规定确定；

α——桩端天然地基土的承载力折减系数，可取0.4~0.6，承载力高时取低值。

5.6.9 加固土桩应在桩顶设置垫层。垫层厚度宜为0.3~0.5m，材料可选用灰土、级配碎石以及砂砾等。

5.7 水泥粉煤灰碎石桩

5.7.1 水泥粉煤灰碎石桩（CFG桩）适用于处理十字板抗剪强度不小于20kPa的软土地基。

5.7.2 CFG桩料的配合比应根据成桩要求的混合料坍落度和桩体设计强度确定：坍落度宜为30~50mm；桩体的设计强度应取28d无侧限抗压强度。可按下列方法进行配合比设计：

1 确定用水量 W。由坍落度具体值试配确定，可从经验用水量开始试配。

2 确定水泥用量 C。可根据采用的水泥强度等级 R_c^b、混合料28d强度 f_{cu}，按式（5.7.2-1）计算水泥单方用量。

$$f_{cu} = 0.366 R_c^b \left(\frac{C}{W} - 0.071 \right) \quad (5.7.2\text{-}1)$$

式中：f_{cu}——混合料28d强度（MPa），由边长150mm的立方体试块测得；

R_c^b——水泥强度等级（MPa）；

C——单方水泥用量（kg）；

W——单方用水量（kg）。

3 确定粉煤灰用量 F。可按式（5.7.2-2）计算。

$$\frac{W}{C} = 0.187 + 0.791 \frac{F}{C} \quad (5.7.2\text{-}2)$$

4 确定石屑用量 G_1 和碎石用量 G_2。可根据石屑率 λ，用式（5.7.2-3）计算单方石屑用量 G_1 和单方碎石用量 G_2，λ 值可取0.25~0.33。

$$\lambda = \frac{G_1}{G_1 + G_2} \quad (5.7.2\text{-}3)$$

5 按以上步骤试配，并根据坍落度调整用水量，直到满足要求。

5.7.3 CFG桩设计应确定桩长、桩径、桩间距、桩体强度和垫层厚度，并应符合下列规定：

1 桩长应根据设计对承载力和变形的要求、土质条件、设备能力等确定;桩端应落在强度相对较高的土层上;最大桩长不宜大于30m。

2 桩径应根据成桩设备条件确定,宜为0.35~0.6m。

3 桩间距应根据设计对承载力和变形的要求、土质条件、施工工艺等确定,宜取4~5倍桩径。

4 桩体强度宜为5~20MPa,设计强度应满足路堤沉降与稳定的要求。用于小型构造物下的CFG桩,设计强度应满足承载力的要求。

5 垫层厚度宜取0.3~0.5m,当桩径大或桩距大时,垫层厚度宜取高值。垫层材料宜采用中砂、粗砂、级配砂砾或碎石等,最大粒径不宜大于30mm。

5.7.4 CFG桩复合地基的沉降计算和路堤稳定验算应采用与加固土桩相同的方法。

5.7.5 用于小型构造物下的CFG桩复合地基承载力和单桩竖向承载力可按式(5.6.7)、式(5.6.8-1)和式(5.6.8-2)计算。式(5.6.8-2)中的桩身强度折减系数η可取0.35~0.50。

5.8 刚性桩

5.8.1 刚性桩适用于处理深厚软土地基上荷载较大、变形要求较严格的高路堤段、桥头或通道与路堤衔接段。

5.8.2 公路软土地基处理可采用预应力混凝土薄壁管桩(PTC)、预应力高强混凝土管桩(PHC)、预制混凝土方桩、钻孔灌注桩、现浇混凝土大直径管桩(PCC桩)等刚性桩。预应力混凝土薄壁管桩宜工厂预制、现场焊接接长,外径宜为300~500mm,壁厚宜为60~100mm;现浇混凝土大直径管桩外径宜为1.0~1.5m,壁厚宜为120~200mm。

5.8.3 刚性桩设计应包括下列内容:
1 桩型、桩径、桩长、间距、桩帽设计及受力计算;
2 垫层设计,包括垫层构造形式、加筋材料的选用以及垫层受力计算;
3 桩体承载力验算;
4 地基沉降计算和稳定验算。

5.8.4 刚性桩可按正方形或等边三角形布置。桩径宜根据成桩设备确定,且不宜小于5倍桩径。桩长可根据工程对地基稳定和变形要求,结合地质条件,通过计算确定。

5.8.5 路堤与桥头等结构物衔接段的刚性桩可采用变间距、变桩长分级过渡方式设置。

5.8.6 刚性桩桩顶应设桩帽,形状可采用圆柱体、台体或倒锥台体。桩帽直径或边长宜为1.0~1.5m,厚度宜为0.3~0.4m,宜采用C30水泥混凝土现场浇筑而成。

5.8.7 桩帽顶上应铺设具有一定厚度、强度、刚度、完整连续的柔性土工合成材料加筋垫层。垫层形式应根据设计荷载大小和要求以及具体地基土层的条件确定,宜选择土工格栅加筋垫层、高强土工布加筋垫层、土工格室加筋垫层等,并应符合下列规定:
  1 土工合成材料应具有抗拉强度高、切线模量高、非脆性、耐久性良好、抗老化、抗腐蚀等工程性质。
  2 垫层材料宜选择级配良好的碎石、砂砾、石屑等,垫层的厚度不宜小于0.3m。

5.8.8 桩顶上的荷载压力 F_{cap} 可根据路堤填料中的土拱效应按式(5.8.8-1)和式(5.8.8-2)计算。

$$F_{cap} = \frac{2\alpha K_p}{\alpha K_p + 1} S^2 \sigma_{su} [(1-\delta)^{1-\alpha K_p} - (1-\delta)(1+\delta\alpha K_p)] \quad (5.8.8\text{-}1)$$

$$\sigma_{su} = \gamma \left[H - \frac{S}{\sqrt{2}} \left(\frac{2\alpha K_p - 2}{2\alpha K_p - 3} \right) \right] (1-\delta)^{2(\alpha K_p - 1)} + \gamma(S-b) \sqrt{2 \left(\frac{\alpha K_p - 1}{2\alpha K_p - 3} \right)} \quad (5.8.8\text{-}2)$$

式中:σ_{su}——作用在桩间土上的应力(kPa);
  K_p——被动土压力系数,$K_p = \dfrac{1+\sin\varphi}{1-\sin\varphi}$;
  φ——路堤填料的内摩擦角(°);
  γ——路堤填料的重度(kN/m³);
  S——桩间距,指相邻两桩的中心距(m);
  b——桩帽宽度(m);
  δ——桩帽宽度与桩间距之比,$\delta = b/S$;
  H——路堤高度(m),宜大于1.4($S-b$);
  α——待定系数,可按式(5.8.8-3)计算。

$$\gamma S^2 H = F_{cap}(\alpha) + \sigma_{su}(\alpha)(S^2 - b^2) \quad (5.8.8\text{-}3)$$

当 $\alpha < 1$ 时,土拱还未进入塑性状态,单桩处理范围内土体应满足受力平衡条件;当 $\alpha \geq 1$ 时,土拱已经进入塑性状态,临界高度 H_{cr} 可按式(5.8.8-4)计算。

$$H_{cr} = \frac{F_{cap}(1) + \sigma_{su}(1)(S^2 - b^2)}{\gamma S^2} \quad (5.8.8\text{-}4)$$

条文说明

为确保土拱的形成,充分发挥土拱效应,避免桩(帽)土顶面的差异沉降反射到路面而出现蘑菇状高低起伏的现象,要求刚性桩处理路段的路堤高度宜大于1.4($S-b$)。

5.8.9 刚性桩的桩体荷载分担比 R_p 可按式(5.8.9)计算。

$$R_p = \begin{cases} \dfrac{F_{cap}(\alpha)}{\gamma H S^2 \eta} & (\alpha < 1) \\ \dfrac{F_{cap}(1)}{\gamma H_{cr} S^2 \eta} & (\alpha \geq 1) \end{cases} \quad (5.8.9)$$

式中：η——系数，桩呈正方形布置时 $\eta = 1.0$，桩呈等边三角形布置时 $\eta = 0.866$。

5.8.10 土工合成材料的最大拉应力 T_{max} 可按式(5.8.10-1)~式(5.8.10-3)计算，并应满足式(5.8.10-4)的要求。

$$T_{max} = \dfrac{W_T(S-b)}{2b}\sqrt{1+\dfrac{1}{6\varepsilon_g}} \quad (5.8.10\text{-}1)$$

$$T_{max} = \varepsilon_g E_g \quad (5.8.10\text{-}2)$$

$$W_T = \dfrac{\gamma S^2 H (1-R_p) S}{S^2 - b^2} \quad (5.8.10\text{-}3)$$

$$T_{max} \leq T_a \quad (5.8.10\text{-}4)$$

式中：W_T——桩间土上的荷载(kN/m)；
E_g——土工合成材料的线刚度(kN/m)；
ε_g——土工合成材料的应变；
T_a——土工合成材料的设计抗拉强度(kN/m)。

5.8.11 刚性桩的承载力可按式(5.8.11-1)和式(5.8.11-2)进行验算。

$$\gamma_0 F_{cap} \leq R \quad (5.8.11\text{-}1)$$

$$R = \dfrac{Q_{sk}}{\gamma_s} + \dfrac{Q_{pk}}{\gamma_p} \quad (5.8.11\text{-}2)$$

式中：γ_0——建筑物桩基重要系数，取 1.1；
R——单桩竖向承载力设计值(kN)；
Q_{sk}、Q_{pk}——单桩的总极限侧阻力特征值和总极限端阻力特征值(kN)，可按现行《建筑桩基技术规范》(JGJ 94)有关规定计算；
γ_s、γ_p——侧阻抗力分项系数和端阻抗力分项系数，$\gamma_s = \gamma_p$，可按表5.8.11取值。

表5.8.11 γ_s、γ_p

桩　型	静载试验法	经验参数法
管桩、方桩	1.60	1.65
钻孔灌注桩	1.65	1.70
现浇薄壁管桩	1.70	1.75

5.8.12 刚性桩可不验算复合地基的承载力。

5.8.13 刚性桩可不考虑桩间土压缩变形对沉降的影响,采用单向压缩分层总和法计算最终沉降。

$$S = \psi_P \sum_{j=1}^{m} \sum_{i=1}^{n_j} \frac{\sigma_{j,i} \Delta h_{j,i}}{E_{sj,i}} \quad (5.8.13)$$

式中:S——桩基最终沉降;

m——桩端平面以下压缩层内土层分层的数目;

$E_{sj,i}$——桩端平面下第 j 层土第 i 个分层在自重应力至自重应力加附加应力作用段的压缩模量(MPa);

n_j——桩端平面下第 j 层土的计算分层数;

$\Delta h_{j,i}$——桩端平面下第 j 层第 i 分层的厚度(m);

$\sigma_{j,i}$——桩端平面下第 j 层第 i 分层的竖向附加应力(kPa),可按《建筑地基基础设计规范》(GB 50007—2002)附录 R 计算;

ψ_P——桩基沉降计算经验系数,应根据当地的工程实测资料统计对比确定。

5.8.14 刚性桩处理地基的稳定性可采用圆弧滑动法验算,滑动面上的抗剪强度采用桩土复合抗剪强度,可参照本细则第 5.6.4 条计算,桩体抗剪强度可取桩体混凝土 28d 无侧限抗压强度的 1/2。

5.9 爆炸挤淤

5.9.1 爆炸挤淤法适用于处理海湾滩涂等淤泥和淤泥质土地基。处理厚度不宜大于 15m。

5.9.2 爆炸挤淤设计前应收集下列资料:

1 施工区域地形图,比例尺宜采用 1:1 000～1:5 000。
2 爆炸区域水下地形图,比例尺宜采用 1:100～1:500。
3 爆炸区域的水文资料,包括水位、水深、潮汐、流速、流向、流态、波浪等。
4 爆炸区域的气象资料,包括风向、风力,雨、雾、雪发生的时间、频率和强度等。
5 爆炸区域的地质资料,包括软土层的分布范围、厚度、物理、力学指标、各层顶面和底面高程等。
6 爆炸影响范围居民区、文物保护区的重要设施位置、建(构)筑物的结构特征及抗震要求等。
7 距爆炸源 1～2km 内的道路交通情况,航道及水上设施至爆炸区的距离及对环保的要求。

5.9.3 爆炸挤淤的药量计算(图 5.9.3)应包括线药量计算、一次爆炸排淤填石药量计算、单孔药量计算,并应符合下列规定:

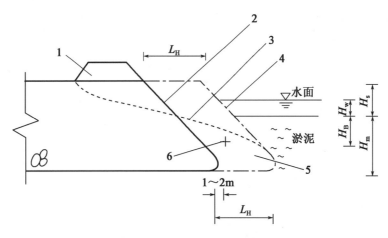

图 5.9.3 爆炸挤淤示意图

1-超高填石;2-爆前剖面;3-爆后剖面;4-补填剖面;5-石舌;6-药包

1 线药量可按式(5.9.3-1)和式(5.9.3-2)计算。

$$q_L = q_0 L_H H_{mw} \quad (5.9.3\text{-}1)$$

$$H_{mw} = H_m + \frac{\gamma_w}{\gamma_m} H_w \quad (5.9.3\text{-}2)$$

式中:q_L——线药量,即单位布药长度上分布的药量(kg/m),炸药为 2 号岩石硝铵炸药（下同）,采用其他炸药时可按表 5.9.3-1 换算;

q_0——爆炸挤淤填石单耗,即爆炸单位体积淤泥所需的炸药量(kg/m³),按表 5.9.3-2 取值;

L_H——爆炸挤淤填石一次推进的水平距离(m),按表 5.9.3-3 取值;

H_{mw}——计入覆盖水深的折算淤泥厚度(m);

H_m——置换淤泥厚度(m),含淤泥隆起高度;

γ_m——淤泥的重度(kN/m³);

γ_w——水的重度(kN/m³);

H_w——覆盖水深,即淤泥面以上的水深(m)。

表 5.9.3-1 炸药换算系数表

炸药名称	型号	换算系数
岩石硝铵炸药	1 号	0.91
	2 号	1.00
	2 号抗水	1.00
露天硝铵炸药	1 号	1.07
	2 号	1.28
胶质炸药	普通 62%	≤0.84
	耐冻 62%	≤0.84
	普通 40%	≤0.89
	耐冻 40%	≤0.89
	普通 35%	≤0.94

续上表

炸药名称	型号	换算系数
乳化炸药	CLH	0.97~1.08
	RJ-1	1.06
水胶炸药	SHJ-K	0.91
TNT炸药	三硝基甲苯	1.05~1.12

表5.9.3-2 q_0 取值表

H_s/H_m(m/m)	0.8~1.2	<0.8 或 >1.2
q_0(kg/m³)	0.6~0.8	0.8~1.2

注：表中H_s为淤泥面上的填石高度(m)。

表5.9.3-3 L_H 取值表

H_m(m)	4~6	6~10	10~12
L_H(m)	4.5~5.5	6~7	5.0~5.5

2 一次爆炸排淤填石药量Q_1可按式(5.9.3-3)计算。

$$Q_1 = q_L L_L \quad (5.9.3-3)$$

式中：L_L——爆炸排淤填石一次的布药线长度(m)。

3 单孔药包药量的选取应与装药器的能力相一致。当装药器不能满足单孔一次装药时，可在孔内分层装2个或2个以上的单药包。单孔药量q_1可按式(5.9.3-4)和式(5.9.3-5)计算。

$$q_1 = \frac{Q_1}{m} \quad (5.9.3-4)$$

$$m = \frac{L_L}{a} + 1 \quad (5.9.3-5)$$

式中：m——一次布药孔数；
　　　a——药包间距(m)。

5.9.4 药包布药线宜平行于抛石前缘，位于前缘外1~2m。端部推进爆炸，布药线长度应根据堤身断面稳定验算结果确定，并与堤顶宽度相适应；侧坡拓宽爆炸，布药线长度应根据安全距离控制的一次最大起爆药量及施工能力确定；安全距离应符合有关规定。

5.9.5 药包在淤泥面以下的埋入深度H_B，应根据表5.9.5取值。当泥面上水深小于或等于4m时，可不计入水深折算的淤泥厚度，仅以置换的淤泥厚度为准；当泥面上水深大于4m时，应以折算的置换淤泥厚度为准。

表 5.9.5 H_B 取 值 表

H_w (m)	<2	2~4	>4
H_B (m)	$0.50H_m$	$0.45H_m$	$0.55H_m$

5.10 路堤地基隔离墙

5.10.1 路堤地基隔离墙适用于相邻两路堤之间,或已建成路堤与拓宽路堤之间出现相互干扰,对地基渗流、变形、稳定等产生不利影响情况下的隔离,如图 5.10.1 所示。

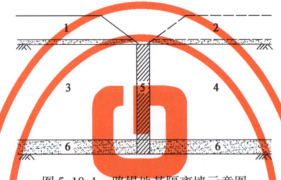

图 5.10.1 路堤地基隔离墙示意图

1-老路堤;2-新路堤;3-排水板堆载预压老地基;4-真空预压施工过程地基;5-密实黏土防渗型隔离墙;6-透水砂砾石层

5.10.2 隔离墙按其作用与功能可分为防渗型隔离墙和支挡型隔离墙。相邻路堤,当待建的路堤采用降水预压、真空预压、强化固结等地基处理方法,或采用深井降水等工程措施时,宜设置防渗型隔离墙;其他情况下隔离新老路基相互干扰宜设置支挡型隔离墙。

条文说明

防渗型隔离墙用于防止新老路堤地基的渗流相互干扰,保持各自独立的排水固结条件,避免对两路堤变形与稳定性造成不利影响;支挡型隔离墙用于防止荷载较大一方的地基土的侧向挤压作用对相邻路基造成不利影响,或防止新路基施工及运营过程中对老路基的不利影响。

5.10.3 隔离墙设计应综合考虑地基土的工程性质、相邻路堤的设计要求、断面形状、荷载大小、地基处理方案、施工技术与方法、施工期限以及运营观测资料等因素。

5.10.4 防渗型隔离墙的形式应根据隔离深度确定,厚度不宜小于 0.5m,不得小于 0.4m,并应符合下列规定:

1 在已建路堤地基稳定性良好,仅需考虑防渗且隔离深度小于 10m 的条件下,可采用黏性土隔离墙。

2 当隔离深度为 10～15m,且要求墙体具有一定的支护刚度时,可采用水泥搅拌桩隔离墙。水泥搅拌桩应适当搭接形成墙体,墙体厚度宜为 0.5～0.7m,墙体渗透系数不宜大于 10^{-6}～10^{-7}cm/s,无侧限抗压强度 R_{90} 宜为 1～5MPa。

3 当隔离深度大于 15m 时,可采用高压喷射水泥土隔离墙。

5.10.5 支挡型隔离墙的形式应根据路堤高度和软土厚度确定,并应符合下列规定:

1 当路堤高度小于 5m,地基土为淤泥质黏土或黏性土时,可采用水泥搅拌桩制成地下连续的支挡墙体,墙体厚度宜为 0.8～1.0m;当支挡路堤地基稳定性要求较高或侧向挤压力较大时,可根据稳定性验算结果,将墙体增厚至 1.5～2.0m;墙的深度宜穿越 10m 以内的软土层至坚硬的土层上。当软土层厚度大于 15m 时,宜采用连续桩格体的水泥搅拌桩隔离墙,墙体厚度宜为 2.0～3.0m,深度不宜大于 12m。墙体水泥土的无侧限抗压强度 R_{90} 应达到 5～10MPa。

2 当路堤高度大于 5m,且软土深厚、性质差,路堤坡面下地基中存在较大的侧向土压力及侧向变形,容易因施工对地基土产生扰动而出现地基稳定和沉降问题时,可采用钢筋混凝土灌注桩支挡隔离墙。灌注桩桩径宜采用 0.60～0.65m,两桩之间间隙不宜大于 0.1m。钢筋混凝土灌注桩支挡隔离墙应穿过地基软土层,进入坚实土层,进入坚实土层深度不宜小于 5m。可在排桩墙顶部设厚 0.4m 的钢筋混凝压顶梁,提高隔离墙的支挡能力。桩身混凝土的强度等级不应低于 C30。

3 当地基的变形和稳定性比较复杂,且又无条件采用上述两种墙体时,可采用钢板桩支挡隔离墙。

5.11 强夯和强夯置换

5.11.1 强夯法适用于处理碎石土、低饱和度的粉土与黏性土、杂填土和软土等地基。

5.11.2 强夯置换法适用于处理高饱和度的粉土与软塑～流塑的软黏土地基,处理深度不宜大于 7m。

5.11.3 强夯法的有效加固深度应根据现场试夯或当地经验确定;当初步设计缺少试验资料和经验时,可参考表 5.11.3 确定。

表 5.11.3 强夯法的有效加固深度(m)

单击夯击能(kN·m)	碎石土、砂土等粗颗粒土	粉土、黏性土、湿陷性黄土等细颗粒土
1 000	5.0～6.0	4.0～5.0
2 000	6.0～7.0	5.0～6.0

续上表

单击夯击能(kN·m)	碎石土、砂土等粗颗粒土	粉土、黏性土、湿陷性黄土等细颗粒土
3 000	7.0~8.0	6.0~7.0
4 000	8.0~9.0	7.0~8.0
5 000	9.0~9.5	8.0~8.5
6 000	9.5~10.0	8.5~9.0

注：强夯法的有效加固深度应从最初起夯面算起。

5.11.4 强夯处理范围应超出路堤坡脚，每边超出坡脚的宽度不宜小于3m。强夯置换处理范围应为坡脚外增加一排置换桩。

5.11.5 强夯置换桩宜采用等边三角形或正方形布置，对独立基础或条形基础应根据基础形状与宽度布置。

5.11.6 强夯置换桩间距应根据荷载大小和原土的承载力确定，当满布时可取夯锤直径的2~3倍，对独立基础或条形基础可取夯锤直径的1.5~2.0倍。桩的计算直径可取夯锤直径的1.1~1.2倍。

5.11.7 采用强夯法处理软土地基时，应在地基中设置竖向排水体。对于地下水位较高的地基，强夯前应采取降水措施，将地下水位降至加固层深度以下。

5.11.8 强夯置换桩顶应铺设一层厚度不小于0.5m的粒料垫层，垫层材料可与桩体材料相同，粒径不宜大于100mm。

5.11.9 强夯置换设计时，应预估地面抬高值，并在试夯时校正。

5.11.10 强夯置换桩复合地基的沉降与稳定计算方法与粒料桩相同。桩土应力比可取2~4。

6 路堤设计

6.1 一般规定

6.1.1 软土路基段的路堤设计,应按照因地制宜、就地取材的原则,根据地基情况分段进行。宜采取经济合理的措施降低路堤自重,减小地基工后沉降。

6.1.2 路堤设计应包括路堤断面设计、路堤填料设计、堆载预压高度设计和预压期设计等内容。

6.1.3 路堤断面设计应根据路基标准横断面,考虑地基稳定性、地基沉降、路堤顶面凹陷、顶宽和底宽收缩以及边坡变缓等因素,确定路基实际填筑断面、填筑速率和填筑程序。

6.1.4 路堤填筑宽度应根据路基沉降情况适当加宽,单侧的加宽量 Δd 可参照图6.1.4按式(6.1.4)计算。

$$\Delta d = mS_2 \tag{6.1.4}$$

式中:m ——软土地基路堤的设计边坡坡度,宜取1.5~2.0;
S_2 ——路堤坡脚处预压期末的沉降。

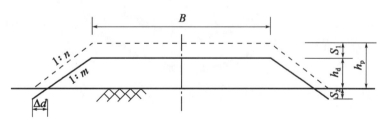

图6.1.4 路堤加宽计算图

6.1.5 路堤填料宜按照就地取材的原则,根据当地材料供应情况和地基稳定性、沉降要求选定。当地材料不满足要求或经济上不合理时,可选择外来材料。

6.1.6 路堤的预压方案应根据路基稳定性控制、沉降控制和工期的要求确定。预压路堤的边坡坡率1:n 可按式(6.1.6)计算。

$$n = \frac{h_\mathrm{d} + S_2}{h_\mathrm{p}} m \tag{6.1.6}$$

式中：h_p——预压高度。

6.1.7 堆载预压宜采用等载预压；当工期紧时，可采用超载预压；二级及二级以下公路在工期许可时可采用欠载预压。

6.1.8 沉降起控制作用的路段，预压期应根据要求的工后沉降确定；稳定起控制作用的路段，预压期应根据地基固结度确定；沉降与稳定均为控制因素时，应选用两者中较长的预压期。地基采用竖向排水体处理时，预压期不宜少于6个月；采用复合地基处理时，预压期不宜少于3个月。

条文说明

竖向排水体施工时，施工机械的振动及桩管的扰动，会破坏地基土的强度和透水能力，造成在施工后一段时间内，理论推算沉降与实际沉降可能有较大差别，需要4~5个月后方可恢复正常，因此，预压期不能过短。日本《高等级公路设计规范》要求：预压施工时，原则上要在预压填土后放置6个月以上时间。我国从施工工期以及经济方面考虑，要求预压期不宜少于6个月。

粒料桩、加固土桩、水泥粉煤灰碎石桩、刚性桩加固的地基都属于复合地基，这些桩体施工时同样会造成地基的扰动，适当的预压期有利于地基强度的恢复和桩土相互作用的协调，因此，宜按不少于3个月控制预压期。

6.2 粉煤灰路堤

6.2.1 粉煤灰路堤适用于软土性质较差，需要适当减轻路堤重量的路段，宜用于拓宽、桥头、墙背、高路堤等工程位置。

6.2.2 粉煤灰路堤设计应进行料源调查，并按表6.2.2规定的项目进行粉煤灰性能试验。

表6.2.2 粉煤灰室内试验项目

序 号	试验内容	应提交的试验结果	备 注
1	含水率	天然含水率范围	
2	密度	天然密度变化范围	
3	液限	液限	必要时测定
4	颗粒分析	粒组成分、级配曲线	必要时测定
5	化学分析	化学成分、烧失量、pH值	

续上表

序 号	试验内容	应提交的试验结果	备 注
6	重金属含量测定	浸出液有害微量元素含量报告	必要时测定
7	击实试验	最大干密度、最佳含水率	
8	不排水抗剪强度	黏聚力、内摩擦角(饱水、不饱水)	
9	承载比	CBR 值	必要时测定

6.2.3 粉煤灰路堤设计应包括断面设计、结构设计和排水设计等内容。设计中应合理选择路堤边坡防护和路堤内部排水方案,保证路堤稳定。

6.2.4 粉煤灰路堤边坡和路肩应采取土质护坡等防冲刷保护措施,护坡土宜采用塑性指数不低于 12 的黏质土。土质护坡厚度应根据自然条件、土质、施工条件等因素确定,水平方向厚度不应小于 1m,并应碾压密实。

6.2.5 土质护坡上应设置排水盲沟,排除粉煤灰路堤体内积水。排水盲沟宜设置于路堤的中下部,盲沟竖向间距宜为 2m,水平间距宜为 10～15m。盲沟可采用土工布包裹碎石形式,断面尺寸宜为 0.4m×0.5m。盲沟伸入粉煤灰路堤内部不应小于 1.0m,排水横坡不宜小于 3%。

6.2.6 粉煤灰路堤的上路床应采用无机结合料稳定材料,同时作为粉煤灰路堤的封顶层。

6.2.7 粉煤灰路堤底部应设置隔离层。隔离层宜采用天然砂砾、碎块片石等透水性良好的材料填筑,也可采用工业废渣、炉渣、钢渣、矿渣等。隔离层厚度不宜小于 0.3m,横坡不宜小于 3%。

6.2.8 粉煤灰路堤边坡高度在 5m 以下时,边坡应不陡于 1:1.5;在 5m 以上时,上部边坡应不陡于 1:1.5,下部边坡应不陡于 1:1.75。展坡困难时可设置挡墙收缩坡脚。

6.2.9 粉煤灰与桥涵等混凝土结构、金属结构物接触处,宜在结构物表面涂刷沥青防腐。

6.2.10 粉煤灰路堤的稳定验算方法和沉降计算方法应与土质路堤相同。稳定验算时,粉煤灰的黏聚力 c 和内摩擦角 φ 应采用饱水后测得的 c、φ 值,地基土各层次的 c、φ 值应按选用的计算方法取用相应的计算参数。

6.3 土工泡沫塑料路堤

6.3.1 土工泡沫塑料路堤适用于软土性质极差,需要大幅度减轻路堤重量的路段,宜用在桥头、墙背等工程位置。

6.3.2 土工泡沫塑料路堤设计应包括下列内容:
1 确定路堤断面形式及构造形式。
2 验算作用于 EPS 结构块体的竖向应力值。
3 验算 EPS 路堤基底的抗滑稳定性和地基与路堤的整体稳定性。
4 地基沉降计算。
5 当 EPS 块体铺设在地下水位以下或设计洪水位以下时,应进行抗浮验算。

6.3.3 土工泡沫塑料路堤可采用图 6.3.3 所示的典型断面形式。路堤构造应符合下列规定:
1 EPS 块体与路面之间应设置现浇钢筋混凝土板,厚度宜为 0.1~0.15m。
2 在 EPS 多层块体之间,每隔 2~3m 或 4~6 层应设置一层现浇钢筋混凝土板,厚度宜为 0.1~0.15m。
3 EPS 块体之间、块体与施工基面之间应通过专用联结件联结牢固。
4 土工泡沫塑料路堤边坡应设包边土,包边土的水平宽度不宜小于 1m。
5 土工泡沫塑料路堤基底应设置砂砾垫层,厚度宜为 0.2~0.3m。垫层平整度宜采用 3m 直尺测量,最大间隙应小于 10mm。垫层宽度宜超出 EPS 块体边缘 0.5~1.0m,并通过排水盲沟或排水管保证向外部排水畅通。

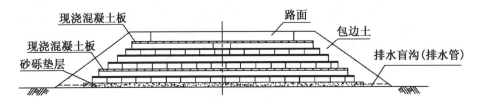

图 6.3.3 土工泡沫塑料路堤典型断面图

6.3.4 土工泡沫塑料路堤设计应考虑路堤自重、上覆荷载和活载、土压力及水压力、地震力、冲击力、制动力等作用。

6.3.5 上覆荷载和活载在 EPS 结构块体上产生的竖向应力 σ_z(图 6.3.5)可按式(6.3.5-1)和式(6.3.5-2)计算,并应满足式(6.3.5-3)的要求。

$$\sigma_z = \sigma_z' + \sum \gamma_i h_i \qquad (6.3.5\text{-}1)$$

$$\sigma'_z = \frac{p(1+\xi)}{(B+2z\tan\theta)(L+2z\tan\theta)} \quad (6.3.5\text{-}2)$$

$$\sigma_z \leq [\sigma_a] \quad (6.3.5\text{-}3)$$

式中：σ'_z——由活载在 EPS 块体上产生的压应力(kPa)；

p——轮压荷载(汽车后轴重)(kN)；

ξ——冲击系数，可取 0.3；

z——路面及钢筋混凝土板的厚度(m)；

B、L——后轮着地宽度和长度，$B=0.6$ m，$L=0.2$ m；

θ——荷载扩散角(°)，对混凝土路面 $\theta=45°$；

γ_i、h_i——上覆路面结构层及混凝土保护层的重度(kN/m³)及厚度(m)；

$[\sigma_a]$——EPS 块体容许抗压强度，对于均质块体可取室内无侧限抗压强度试验所测屈服强度的一半，对于格室型 EPS 块体应由现场载荷试验确定。

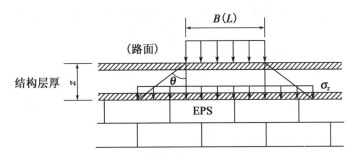

图 6.3.5　分布应力计算示意图

6.3.6　土工泡沫塑料路堤的总重力应不小于作用在路堤上水的浮力的 1.2 倍，否则应采取减小 EPS 块体的铺设厚度、增加填土荷重、降低地下水位等措施。

6.3.7　EPS 基底的抗滑稳定性可按式(6.3.7)验算。

$$F_S = \frac{抗滑力}{滑动力} = \frac{(W+p_v)f}{p_h} \geq 1.5 \quad (6.3.7)$$

式中：F_S——抗滑稳定安全系数；

W——EPS 块体的自重力(kN/m)；

p_v——上覆荷载竖向总压力(kN/m)；

p_h——作用于 EPS 路堤底板的总滑动力，即侧向总压力(kN/m)；

f——路堤底板与地基土的摩擦系数，可取 0.3~0.5。

6.4　现浇泡沫轻质土路堤

6.4.1　现浇泡沫轻质土路堤适用于软土性质较差，需要较大幅度减轻路堤重量的路段，宜用于拓宽、桥头、墙背等工程位置。

6.4.2 现浇泡沫轻质土路堤设计应包括下列内容：

1 确定路堤断面形式及构造形式。

2 路堤的附属构造设计，包括挡板设计、交通工程预埋件设计、现浇泡沫轻质土内部局部加筋设计、沉降缝设计等。

3 泡沫轻质土重度、无侧限抗压强度和配合比设计。

4 地基与路堤整体稳定性验算，以及特定工程位置的抗滑、抗倾覆稳定性验算。

5 地基沉降计算。

6 当现浇泡沫轻质土体位于地下水位以下或低于设计洪水位时，应进行抗浮验算。

6.4.3 现浇泡沫轻质土浇筑体底宽应不小于浇筑体高度的 0.2 倍，且不得小于 2m。

6.4.4 当泡沫轻质土填筑体在某一方向长度较大或底面形态有突变时，宜设置变形缝。变形缝间距宜为 10~20m；填缝板可采用普通的木板或夹板，厚度不宜超过 20mm。

6.4.5 现浇泡沫轻质土的重度应根据工程的具体需要进行设计，当用于地下水位以下时，重度不宜小于 $10kN/m^3$。

6.4.6 现浇泡沫轻质土的设计无侧限抗压强度不宜小于 300kPa。

6.4.7 现浇泡沫轻质土的配合比应根据设计强度、湿重度及流动值要求等进行设计。

6.4.8 当现浇泡沫轻质土置于平面与斜坡面交界处时，可将其分成斜坡前和斜坡上两部分计算滑动力和滑动抵抗力，底面抗滑稳定性可参照图 6.4.8，按式（6.4.8）验算。

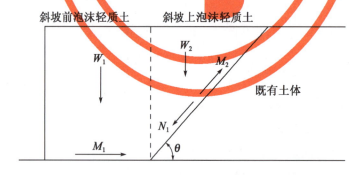

图 6.4.8 底面抗滑稳定安全系数计算图

$$F_s = \frac{M_1 + M_2\cos\theta}{N_1\cos\theta} = \frac{fW_1 + fW_2\cos\theta\cos\theta}{W_2\sin\theta\cos\theta} \geq 1.3 \quad (6.4.8)$$

式中：M_1——沿水平面的抗滑力（kN）；

M_2——沿斜坡面的抗滑力（kN）；

N_1 ——沿斜坡面的下滑力(kN);

W_1 ——斜坡前浇泡沫轻质土的自重及路面荷重(kN);

W_2 ——斜坡上浇泡沫轻质土的自重及路面荷重(kN);

θ ——斜坡面与水平面交角(°);

f ——现浇泡沫轻质土与地基土的摩擦系数,无实测资料时可取 0.5;当现浇泡沫轻质土与地基之间铺设防水土工布时,应通过试验确定。

6.5 吹填砂路堤

6.5.1 吹填砂路堤适用于土源紧缺,但有丰富的河砂或海砂资源的河网或滨海沿岸地区。

6.5.2 吹填砂路堤设计,应充分掌握水文、气象、疏浚区及吹填区的交通、地理及排水条件资料,并根据吹填路堤的场地条件和吹填高度,确定适当的吹砂设备及排水路径。

6.5.3 吹填设计前,应调查下列内容:
1 采砂区和吹填区的位置及地形、砂的物理性质、砂的分布及数量。
2 采砂设备对现场条件的适应能力及排砂管线的铺设条件。
3 吹填区余水的排出条件及对周围水域及环境的影响。
4 修筑围埝的水文条件、地质条件及围埝材料的来源。

6.5.4 采砂区应按下列原则选择:
1 砂源宜靠近填筑区。采砂应避开水下障碍物、水下电缆、水产养殖区及环境敏感区,且不得影响附近建筑物、航道、河势、堤坝及桥梁的稳定。
2 公路路堤宜采用透水性良好的中、粗砂作为吹填材料,经试验也可选择细砂或粉砂。

6.5.5 吹填砂路堤设计应包括下列工作内容:
1 确定采砂区和吹填区的位置和范围。
2 确定可用于吹填砂的质量和数量。
3 选择合理的吹填设备与施工方法。
4 设计围埝及排水口。
5 制订吹砂管线的铺设方案。
6 根据周边环境制订余水的排放方案。
7 计算吹填区地基的下沉量、超填量及设计吹填地面高程。
8 结合软基处理确定工程观测项目和方法。

6.5.6 吹填砂路堤设计吹填高程 H_R 可按式(6.5.6)计算。

$$H_R = H_S + \Delta H \tag{6.5.6}$$

式中：H_S——设计高程(m)；

ΔH——吹填完工后,考虑地基沉降的预留高度(m)。

6.5.7 吹填施工砂方量 V 可按式(6.5.7)计算。

$$V = \frac{V_1 + \Delta V_1 + \Delta V_2}{1 - P} \tag{6.5.7}$$

式中：V_1——包括设计预留高度在内的吹填砂体积(m^3),可按断面方计算；

ΔV_1——施工期因吹填砂固结所增加的工程量(m^3),可按吹填厚度的5%估算；

ΔV_2——施工期因吹填砂荷载造成吹填区软土地基下沉而增加的工程量(m^3),可根据吹填路堤高度,按本细则第4章规定计算；

P——吹填砂进入吹填区后的流失率(%),根据砂的粒径、泄水口的位置、高度及距排砂管口的距离、吹填面积、排砂管的布设、吹填高度及水力条件、具体施工条件和经验确定。

6.5.8 路堤围埝可分为陆地围埝和临水围埝两种。陆地围埝可采用片(块)石围埝、土工织物袋装砂围埝和吹填砂围埝等形式。采用片(块)石围埝时,应在围埝内侧设渗水土工布防止砂泄漏;采用吹填砂围埝时,应在围埝内侧敷设塑料薄膜防止冲刷。临水围埝可采用重力式围埝、板桩式围埝、格型围埝及抛石围埝等形式。

6.5.9 围埝的坡率、顶宽等尺寸可参考表6.5.9确定。

表6.5.9 围 埝 尺 寸 表

围埝材料	边 坡		顶 宽(m)
	内	外	
片石、块石埝	1:1	1:1	1.0~1.5
袋装砂埝	1:0.5	1:1	1.5~2.0
吹填砂围埝	1:1~1:1.5	1:1.5~1:2.0	1.0~2.0

6.5.10 围埝顶高程应考虑地基沉降的影响,根据设计高程、预留沉降、安全超高等因素确定。

6.5.11 围埝应分别按照施工期稳定性和长期稳定性两个阶段进行稳定验算,并应符合下列规定：

1 施工期稳定性验算时,对未进行防护或有渗透可能的围埝应考虑水渗透压力,还应考虑吹填砂对围埝内侧的土压力。

  2 长期稳定性验算时,围埝可以和吹填砂路堤作为一个整体考虑。围埝重度与强度参数应采用饱水后相应密实程度的填料指标。

 6.5.12 吹填砂路堤排水口和排水渠设计应遵循下列原则:

  1 排水口的位置应根据吹填区地形、几何形状、排砂管的布置、容砂量及排砂总流量等因素确定。

  2 滨海沿岸地区,应考虑在涨潮延续时间内,潮汐水位对排水口泄水能力的影响。

  3 排水口两侧路堤应作加固处理,可在堤内侧装木质或金属框式开口,开口应设活动闸板,并用1~2根泄水管通到堤外。排水口断面宜为排水管面积的2~6倍。

  4 排水渠的布置应充分考虑排水对附近码头港池、桥涵、农田、堤岸等的冲刷和淤积等影响。

  5 排水渠的结构形式应根据地形条件、水文和工程具体情况选择,排水渠的断面宜采用梯形或圆形。

 6.5.13 排水口的总泄水流量Q_z和排水口数量n_x可分别按式(6.5.13-1)和式(6.5.13-2)计算。

$$Q_z = K_z Q(1 - P) \quad (6.5.13\text{-}1)$$

$$n_x = \frac{Q_z}{q} \quad (6.5.13\text{-}2)$$

式中:K_z——修正系数,可取1.1~1.5;
   Q——排砂管总流量(m^3/s);
   P——泥砂浓度(%);
   q——泄水口平均泄水流量(m^3/s)。

 6.5.14 排水渠的排水量Q_x可按式(6.5.14-1)和式(6.5.14-2)计算。

$$Q_x = Wv \quad (6.5.14\text{-}1)$$

$$v = C\sqrt{Ri} \quad (6.5.14\text{-}2)$$

式中:W——排水渠过水断面面积(m^2);
   v——排水渠断面平均流速(m/s);
   C——谢才系数;
   R——水力半径;
   i——排水渠底纵坡。

6.5.15 吹填砂路堤应进行防护。路堤陆上边坡可采用包边土加植物防护；水下边坡宜采用浆砌片石防护，坡面与浆砌片石间应设置砂砾或碎石反滤层，防止砂料外漏。吹填砂路堤竣工后，应在其顶面铺设砂砾防护层，厚度宜为0.4m。

6.6 加筋路堤

6.6.1 拓宽、稳定性不足或需要对路堤边坡进行修复的软基路段，可采用加筋路堤。

6.6.2 土工合成材料加筋路堤的设计应包括确定土工合成材料的强度、铺设位置、铺设层数、层间距、铺设范围及坡面防护等内容。

6.6.3 土工合成材料的抗拉强度、刺破强度、顶破强度和握持强度等应符合现行《公路土工合成材料应用技术规范》（JTG/T D32）的规定。

6.6.4 土工合成材料宜铺设在路堤底部，材料的主抗拉方向应垂直于公路的中线或与主抗滑方向一致。土工合成材料的铺设层数、铺设范围，应通过对地基与加筋路堤的整体稳定性验算、堤身稳定性验算、平面滑动稳定性验算以及土工合成材料锚固长度计算等确定。多层土工合成材料加筋的路堤，各层土工合成材料之间的间距不宜小于一层填土最小压实厚度，且不宜大于0.6m。加筋材料反包时，最小反包长度不宜小于2.0m，如图6.6.4所示。

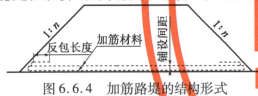

图6.6.4 加筋路堤的结构形式

6.6.5 加筋路堤稳定性验算的安全系数 F_B 可参照图6.6.5，按式（6.6.5）计算。

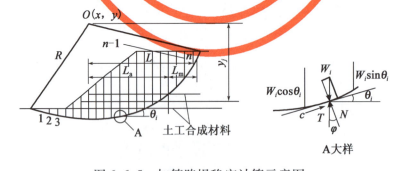

图6.6.5 加筋路堤稳定计算示意图

$$F_B = \frac{\sum_{i=1}^{n}(W_i\cos\theta_i\tan\varphi_{qi} + c_{qi}\Delta l_i)R + \sum_{j=1}^{m}T_{GCj}y_j}{\sum_{i=1}^{n}(W_i\sin\theta_i)R + \sum_{i=1}^{n}Q_i y_{Qi}} \geq 1.2 \quad (6.6.5)$$

式中：W_i——第 i 个土条重力（kN/m）；

c_{qi}、φ_{qi}——第 i 个土条底部土体的黏聚力(kPa)和内摩擦角(°),由直接快剪试验确定;

T_{GCj}——第 j 层土工合成材料设计抗拉强度(kN/m);

Q_i——第 i 个土条所受地震水平力(kN/m),按现行《公路工程抗震设计规范》计算;

y_{Qi}——第 i 个土条重心距滑弧圆心的垂直距离;

y_j——第 j 层土工合成材料距滑弧圆心的垂直距离。

6.6.6 当地基为浅层软土层时,应验算加筋路堤的平面滑动稳定性。

6.6.7 土工合成材料伸入到稳定土层中的锚固长度,不得小于最小锚固长度 L_m。最小锚固长度可按式(6.6.7-1)计算。

$$L_m = \frac{T_{GC} F_m}{2\sigma_0 f_{GS}} \quad (6.6.7\text{-}1)$$

式中:L_m——最小锚固长度(m),当计算的最小锚固长度小于2.0m时,取2.0m;

T_{GC}——土工合成材料设计抗拉强度(kN/m);

F_m——锚固安全系数,对黏性土取 $F_m=2.0$,其他土取 $F_m=1.5$;

σ_0——作用在某层筋材上的上覆压力(kPa),按自重压力计算;

f_{GS}——土与土工合成材料的界面摩擦系数,应采用现行《公路工程土工合成材料试验规程》(JTG E50)规定的剪切试验方法确定,无试验资料时,可按式(6.6.7-2)计算;

$$\left.\begin{array}{l} f_{GS} = 0.667\tan\varphi_q \quad \text{土工织物} \\ f_{GS} = 0.9\tan\varphi_q \quad \text{土工格栅,土工网} \end{array}\right\} \quad (6.6.7\text{-}2)$$

φ_q——对黏性土取考虑黏聚力影响的综合内摩擦角,综合内摩擦角可按5°~10°近似取值;其他土取土体快剪内摩擦角。

6.6.8 土工合成材料的铺设长度 L 应为滑动面内的长度 L_a 与锚固长度 L_m 之和。

6.6.9 土工合成材料加筋路堤的边坡应进行防护,边坡防护设计应符合现行《公路土工合成材料应用技术规范》(JTG/T D32)的规定。

6.6.10 土工合成材料加筋路堤中与加筋材料直接接触的填料,宜用粗砂、中砂等能与土工合成材料产生良好摩擦而又不对其产生严重损伤的填料。

6.7 反压护道

6.7.1 反压护道可用于提高软土地基上路堤的稳定性,也可用于施工期间失稳路堤的应急修复。

6.7.2 在软土地基段可根据需要设置一级或多级反压护道，每级的高度和宽度应通过稳定计算确定，且应满足工后沉降的要求。反压护道的最大高度不宜超过路堤高度的1/2，可参照图6.7.2设置。

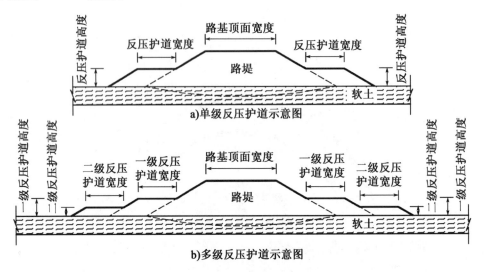

图6.7.2 反压护道设置形式

6.7.3 反压护道稳定性验算宜采用圆弧滑动法。设计时可拟订若干个尺寸试算。

6.7.4 反压护道可兼作道路辅助设施，有条件时，也可种植农作物。

7 地基处理施工

7.1 一般规定

7.1.1 软土地基处理施工前应做好下列准备工作：
1 收集并熟悉有关施工图、工程地质勘察报告、必要的土工试验报告和地下管线、构造物等资料。
2 编制施工组织设计。
3 检验原材料。
4 调试施工机械设备。
5 平整施工场地。
6 试验确定合理的施工工艺流程及有关工艺参数。
7 施工测量、放样。
8 完成临时用房、便道、电力电信、供水和必要的安全、环保等设施。

7.1.2 施工材料应分类堆放，妥善保管。

7.1.3 施工过程中应贯彻边观察、边分析的动态控制方法。当设计与实际不符时，应及时提出书面报告；必要时，应停工等待处理。

7.1.4 应做好施工原始记录和必要的观测记录。

7.1.5 软基处理完成后，应根据设计要求进行一定时间的持续观测。

7.2 垫层和浅层处理

7.2.1 砂砾垫层宜采用级配良好、质地坚硬的中、粗砂或砂砾。砂的颗粒不均匀系数不宜小于10，不得含有草根、垃圾等杂物，含泥量应不大于5%。碎石垫层宜采用5~40mm的天然级配，碎石最大粒径不宜大于50mm，含泥量应不大于5%。

7.2.2 石屑垫层所用石屑中,粒径小于 2mm 的部分不得超过总重的 40%,含泥量应不大于 5%。

7.2.3 矿渣垫层宜采用粒径 20～60mm 的分级矿渣,不得混入植物、生活垃圾和有机质等杂物。

7.2.4 粉煤灰垫层可采用电厂排放的硅铝型低钙粉煤灰,最大粒径不宜大于 2mm,小于 0.075mm 颗粒含量宜大于 45%,烧失量宜小于 12%。

7.2.5 灰土垫层的石灰剂量(石灰占混合料总质量的百分比),消石灰宜为 8%,磨细生石灰宜为 6%。土料宜采用塑性指数大于 15 的黏性土,不得含有有机质,土料粉碎后土块粒径不宜大于 15mm。石灰中 CaO + MgO 含量不应低于 55%,宜采用Ⅲ级钙质消石灰或Ⅱ级镁质消石灰。

7.2.6 抛石挤淤宜采用粒径较大的未风化石料,其中 0.3m 粒径以下的石料含量不宜大于 20%。

7.2.7 碎石、砂砾、石屑、矿渣垫层施工应符合下列规定:
1 垫层宜采用机械碾压施工,碾压工艺和分层摊铺厚度应根据现场试验确定。压实遍数不宜少于 4 遍。
2 垫层的最佳含水率应根据具体的施工方法确定。当采用碾压法时,最佳含水率宜为 8%～12%;当采用平板式振动器时,最佳含水率宜为 15%～20%;当采用插入式振动器时,宜处于饱和状态。
3 铺设垫层前,应先对现场的古井、古墓、洞穴、暗浜、旧基础进行清理、填实,经检验符合要求后,方可铺填垫层施工。
4 严禁扰动垫层下卧软土层,防止下卧层受践踏、冰冻、浸泡或暴晒过久。
5 垫层应水平铺筑,当地面有起伏坡度时应开挖台阶,台阶宽度宜为 0.5～1.0m。

7.2.8 粉煤灰垫层施工应符合下列规定:
1 粉煤灰的物理化学指标应符合设计要求,施工最大干密度和最佳含水率应由室内击实试验确定。
2 严禁在浸水状态下施工。
3 施工时应分层铺填压实,松铺厚度应由试验确定。
4 粉煤灰垫层验收合格后,覆盖前严禁车辆在其上通行,并应及时填筑路堤或封层。

7.2.9 灰土垫层施工应符合下列规定:
1 施工前应先施作排水设施,施工期间严禁积水。当遇到局部软弱地基或孔穴时,应挖除后用灰土分层填实。

2 灰土应拌和均匀,严格控制含水率,拌好的灰土宜当日铺填压实;当土料中水分过多或不足时,应晾干或洒水润湿。

3 分段施工时,上下两层的施工缝应错开不小于0.5m,接缝处应夯压密实。

4 灰土垫层应分层铺填碾压,虚铺厚度不宜大于0.3m。

5 灰土垫层压实后3d内不得受水浸泡。

6 灰土垫层验收合格后,应及时填筑路堤或作临时遮盖,防止日晒雨淋。刚填筑完毕或未经压实而遭受雨淋浸泡时,应视其影响程度进行处理,必要时应掺灰拌和重新铺筑。

7.2.10 抛石挤淤施工应符合下列规定:

1 当下卧地层平坦时,应沿道路中线向前呈三角形抛填,再渐次向两旁展开,将淤泥挤向两侧。

2 当下卧地层具有明显横向坡度时,应从下卧层高的一侧向低的一侧扩展,并在低侧边部多抛投不少于2m宽,形成平台顶面。

3 在抛石高出水面后,应采用重型机具碾压紧密,然后在其上设反滤层,再行填土压实。

7.3 竖向排水体

7.3.1 竖向排水体可采用袋装砂井和塑料排水板,其材料应符合下列规定:

1 袋装砂井宜选用聚丙烯或其他适宜编织料制成的砂袋,砂袋强度应能承受砂袋自重,装砂后砂袋的渗透系数应不小于砂的渗透系数。

2 砂料宜采用渗透率高的风干中粗砂,大于0.5mm砂的含量不宜少于总质量的50%,含泥量应不大于3%,渗透系数应不小于5×10^{-3}cm/s。

3 塑料排水板可采用口琴式、城墙式等断面,如图7.3.1所示。应根据打设深度及排水需求选择排水板型号。塑料排水板应具有足够的抗拉强度和垂直排水能力。排水板复合体和滤膜的强度、延伸率、滤膜的渗透系数、滤膜的等效孔径、排水板的通水量以及外包装状况、缝线和胶粘的质量等应符合相应产品质量要求。

a)口琴式(滤套缝合或黏合)　　b)城墙式(滤套缝合或黏合)　　c)口琴式(滤套芯板黏合一体)

图7.3.1 塑料排水板断面形式

7.3.2 袋装砂井和塑料排水板可采用沉管式打桩机施工。袋装砂井宜采用圆形套管,套管内径宜略大于砂井直径;塑料排水板宜采用矩形套管,也可采用圆形套管。宜配置能够检测排水体施工深度的设备。

7.3.3 袋装砂井施工应符合下列规定：

1 砂宜以风干状态灌入砂袋，应灌制饱满、密实，实际灌砂量不应小于计算值。

2 聚丙烯编织袋不宜长时间暴晒，必须露天堆放时应有遮盖，以防砂袋老化。

3 砂袋入井应采用桩架吊起垂直放入。应防止砂袋扭结、缩颈和断裂。

4 套管起拔时应垂直起吊，防止带出或损坏砂袋；当发生砂袋带出或损坏时，应在原孔的边缘重新打入。

5 砂袋顶部埋入砂垫层的长度不应小于0.3m，应竖直埋入，不得横置。

7.3.4 塑料排水板施工应符合下列规定：

1 塑料排水板不宜长时间暴晒，盘带露天堆放时应有遮盖，以防老化。

2 套管桩靴和套管应配合适当，结合紧密、无缝，以免淤泥进入后增大塑料板与套管内壁的摩擦力，导致塑料板回带。可采用混凝土圆桩靴或金属倒梯形桩靴，如图7.3.4所示。混凝土圆桩靴适用于圆形导管，金属倒梯形桩靴适用于矩形导管。

3 塑料排水板与桩靴的连接，宜采用穿过桩靴上的固定架之后将板体对折不小于0.1m，连同桩靴一起塞入套管的方式。安好桩靴之后，应等套管下落至桩靴与地面接触之后方可松手，确保桩靴与套管紧密结合。

4 塑料排水板需接长时，应采用滤套内芯板平搭接的方法。芯板应对扣，凹凸对齐，搭接长度不宜小于0.2m；滤套包裹应采取可靠措施固定。

5 塑料排水板顶端埋入砂垫层的长度不应小于0.5m。

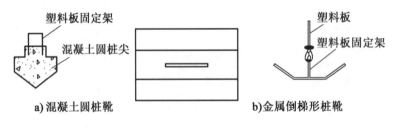

图7.3.4 桩靴示意图

7.3.5 袋装砂井应按表7.3.5的要求进行工程质量检验。

表7.3.5 袋装砂井质量标准

项次	项目	规定值或允许偏差	检查方法和频率
1	井距	±150mm	抽检2%
2	井径	+10mm	挖验2%
3	井长	不小于设计值	查施工记录
4	垂直度	1.5%	查施工记录
5	灌砂率	+5%	查施工记录

7.3.6 塑料排水板应按表7.3.6的要求进行工程质量检验。

表 7.3.6 塑料排水板质量标准

项　次	项　目	规定值或允许偏差	检查方法和频率
1	板距	±150mm	抽检2%
2	板长	不小于设计值	查施工记录
3	垂直度	1.5%	查施工记录

7.4 真空预压

7.4.1 真空预压的抽真空设备宜采用射流真空泵。真空泵空抽时必须达到95kPa以上的真空吸力。真空泵的数量应根据加固面积确定，每个加固场地至少应设两台真空泵。

7.4.2 真空管路应由主管和滤管组成，滤水管应设在排水砂垫层中，其上应有0.1~0.2m厚砂覆盖层。滤水管布置宜形成回路，水平向分布的滤管可采用条状、梳齿状、羽毛状及目字状等形式，如图7.4.2所示。滤水管可采用带孔钢管或塑料管，外包尼龙纱、土工织物或棕皮等滤水材料。真空管路的连接应密封，管路中应设置止回阀和闸阀。

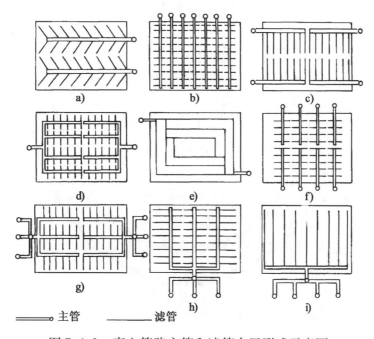

图 7.4.2 真空管路主管和滤管布置形式示意图

7.4.3 密封膜应采用抗老化性能好、韧性好、抗穿刺能力强的不透气材料，可采用聚氯乙烯薄膜。密封膜的厚度宜为0.12~0.14mm，根据其厚度的不同，可铺设2~3层。密封膜连接宜采用热合黏结缝平搭接，搭接宽度应大于15mm。

7.4.4 密封膜的周边应埋入密封沟内。密封沟的宽度宜为0.6~0.8m，深度宜为1.2~1.5m。

7.4.5 真空预压施工应按排水系统施工、抽真空系统施工、密封系统施工及抽气的步骤进行。

7.4.6 采用真空—堆载联合预压时,应先按真空预压的要求抽真空,当真空压力达到设计要求并稳定后,再进行堆载,并继续抽气。堆载时应在膜上铺设土工布等保护材料。

7.4.7 真空预压施工期间应进行下列项目的观测:
1 膜下真空度观测;
2 竖向排水通道与淤泥中真空度观测;
3 负孔隙水压力观测;
4 地表面沉降观测,包括施工沉降和抽气膜面沉降;
5 土层深部沉降观测;
6 土层深部水平位移观测;
7 地下水位观测,包括加固区外地下水位观测和加固区内地下水位观测。

条文说明

进行竖向排水通道与淤泥中真空度观测的目的:一是了解真空度沿竖向排水通道的传递规律及传递损失,从而判断真空荷载在垂直方向上的分布情况、影响深度,进一步判断有效加固深度;二是了解淤泥中真空度随时间的发展过程,从而判断淤泥的加固效果。

负孔隙水压力观测的目的是了解土体中有效应力发展变化的情况和过程。

土层深部沉降观测的目的是了解各土层的压缩情况,判断加固达到的影响深度及各个深度土层的固结程度,也可为计算沉降的研究及设计提供验证资料。

土层深部水平位移观测一方面可了解土体侧向位移量的大小,判断侧向位移对垂直变形的影响;另一方面,也可了解土体侧向位移对邻近建筑物的影响。

加固区外地下水位观测的目的是了解加固过程中对周围地下水的影响;加固区内地下水位观测的目的是了解加固区内地下水位的变化规律,为分析加固效果和设计计算提供资料和依据。

7.4.8 当满足下列条件之一时,可停止抽气:
1 连续 5 昼夜实测沉降速率小于或等于 0.5mm/d。
2 满足工程对沉降、承载力的要求。
3 地基固结度达到设计要求的 80% 以上。

7.4.9 真空预压工程质量检验可视加固的目的采用钻孔取土进行室内试验分析、现场十字板剪切试验和现场载荷试验等方法。试验检测项目的频率应根据加固分区面积的大小制定,每个分区不应少于 3 处。

条文说明

钻孔取土进行室内试验的目的是了解土体加固前后物理力学性质的变化；现场十字板剪切试验的目的是了解土体强度的变化，判断土体强度增长情况；现场载荷试验的目的是了解地基承载力的增长情况。

7.5 粒料桩

7.5.1 粒料桩宜就地取材，所用粒料宜有一定的级配。用于一般软土地基的粒料桩，粒料最大粒径不宜大于50mm。用于十字板抗剪强度低于20kPa的软土地基，粒料最大粒径不应大于100mm，其中粒径为50～100mm的粒料质量应占粒料总质量的50%～60%。粒料的含泥量不应大于5%。

7.5.2 粒料桩可采用振冲置换法或振动沉管法成桩，应符合下列规定：
1 振冲置换法施工可采用振冲器、吊机或施工专用平车和水泵。
2 振冲器的功率应与设计的桩间距相适应，桩间距1.3～2.0m时可采用30kW的振冲器，桩间距1.4～2.5m时可采用50kW的振冲器，桩间距1.5～3.0m时可采用75kW的振冲器。
3 起吊机械可采用履带或轮胎吊机、自行井架式专用平车或抗扭胶管式专用汽车等，吊机的起吊能力宜为10～20t。
4 采用自行井架式专用平车时桩深度不宜超过15m，采用抗扭胶管式专用汽车时桩深度不宜超过12m。
5 水泵出口水压宜为400～600kPa，流量宜为20～30m³/h，每台振冲器宜配一台水泵。
6 振动沉管法施工宜采用振动打桩机和钢套管。
7 应选用能顺利出料和有效挤压桩孔内粒料的桩尖形式，软黏土地基宜选用平底型桩尖。

7.5.3 施工前应进行成桩工艺和成桩挤密试验。当成桩质量不满足设计要求时，应在调整设计与施工有关参数后，重新进行试验或改变设计。

7.5.4 粒料桩处理软黏土地基宜从中间向外围或间隔跳打。在邻近既有建筑物施工时，应背离建筑物方向进行，如图7.5.4所示。

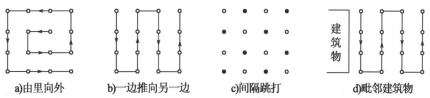

图7.5.4 粒料桩施工推进方式

7.5.5 振冲置换施工应符合下列规定：

1 振冲器宜以 1~2m/min 的速度下沉成孔，水压宜为 200~600kPa，水的流量宜为 200~400L/min。水的压力和流量应根据地基土强度的大小、成桩施工的不同阶段进行调节，强度较低的土层宜采用较低水压；在成孔过程中宜采用较大的水压和水量，当接近加固深度时应降低水压，避免扰动破坏桩底以下的土层；在振密过程中宜采用较小的水压和水量。

2 成孔过程中振冲器的电流最大值不得超过额定电流值。当出现电流超过额定电流现象时，必须减慢振冲器的下沉速度，必要时应停止下沉向上提升，用高压水冲松土层，然后继续下沉。应记录随深度变化的成孔电流和时间，及时分析土质情况。

3 当振冲器达到设计的加固深度后，宜停留 1min，然后将振冲器上提至孔口，提升速度宜为 5~6m/min。重复振冲下沉、提升两三次扩大孔径并使孔内泥浆变稀后，方可开始填料制桩。

4 往孔内倒入一次料后，应将振冲器沉入孔内对填料进行振密，通过密实电流控制桩体密实度。在振密过程中，如密实电流尚未到达规定值，应提升振冲器加料，然后再沉入振冲器振密，直到该深度处的密实电流达到规定值为止。每次填料振密时都应记录填料的数量、留振时间和最终电流值，并均应达到设计规定。

条文说明

水、电、料三者的控制是保证振冲置换施工质量的关键。振冲置换施工中，要利用水在地基中成孔、带走泥浆，以便于填料沉落孔底，并防止坍孔，因此，需要对水的压力和流量进行控制。施工电流过低会造成振冲输出功率太小，导致桩体不密实，因此，要控制施工电流。

7.5.6 振动沉管法成桩可采用一次拔管成桩法、逐步拔管成桩法和重复压管成桩法三种工艺，并均应符合下列规定：

1 打桩机机架应稳固可靠，套管上下移动的导轨应垂直，宜采用经纬仪校准其垂直度。

2 宜采用在套管上画出明显标尺的方法控制成桩深度。

3 施工长桩时，加料斗提升过程中宜由两人从两侧牵引料斗的缆绳，保证安全。

4 需要留振时，留振时间宜为 10~20s。

5 拔管速度宜控制在 1.5~3.0m/min。

7.5.7 粒料桩应按下列要求进行工程质量检验：

1 在成桩 30d 后，采用重型（$N_{63.5}$）动力触探检测桩身密实度和桩长，抽检频率应为总桩数的 1%~2%。要求贯入量 100mm 时，锤击数不应小于 5 击。

2 在成桩 30d 后进行载荷试验，检验单桩承载力和复合地基承载力，抽检频率应为总桩数的 0.2%~0.5%，且不应少于 3 处。测定的承载力应达到设计要求。

3 其余项目应按表7.5.7的要求检验。

表7.5.7 粒料桩质量标准

项 次	项 目	规定值或允许偏差	检查方法和频率
1	桩距	±150mm	抽检2%
2	桩径	不小于设计值	抽检2%
3	桩长	不小于设计值	查施工记录并结合重型动力触探检查
4	垂直度	1.5%	查施工记录
5	粒料灌入量	不小于设计值	查施工记录

条文说明

对挤密砂桩在不同检测时间的密实度(标贯击数)所做的研究对比表明,检验日期距成桩日期间隔的时间对标贯击数的影响是很明显的。成桩距检测相隔时间较长(30~48d),标贯击数较高;成桩距检测相隔时间较短(14~30d),则标贯击数较低。因此,规定检验时间为成桩30d以后。

7.6 加固土桩

7.6.1 加固土桩的固化剂宜采用水泥或石灰,也可采用多种固化材料的混合物,固化剂掺量应根据试验确定。当选用水泥时,宜选用强度等级为32.5级的普通硅酸盐水泥,水泥掺量宜为被加固湿土质量的12%~20%。浆喷法水泥浆的水灰比可选用0.45~0.55。可根据工程需要和土质条件选用具有早强、缓凝、减水以及节省水泥等作用的外掺剂。用石灰做固化剂时,应采用磨细Ⅰ级生石灰,石灰应无杂质,最大粒径应小于2mm。

7.6.2 粉喷桩与浆喷桩的施工机械必须安装喷粉(浆)量自动记录装置,并应对该装置定期标定。应定期检查钻头磨损情况,当直径磨损量大于10mm时,必须更换钻头。

7.6.3 施工前应进行成桩工艺和成桩强度试验。当成桩质量不满足设计要求时,应在调整设计与施工有关参数后,重新进行试验或改变设计。

7.6.4 粉喷桩施工应符合下列规定:
1 施工钻进过程中应保持连续喷射压缩空气,保证喷灰口不被堵塞,钻杆内不进水。钻进速度宜为0.8~1.5m/min。
2 提升钻杆、喷粉搅拌时,应使钻头反向边旋转、边喷粉、边提升,提升速度宜为

0.5~0.8m/min;当钻头提升至距离地面0.3~0.5m时,可停止喷粉。

3　应根据设计要求,对桩身从地面开始1/3~1/2桩长并不小于5m的范围内或桩身全长进行复搅,使固化剂与地基土均匀拌和。复搅速度宜为0.5~0.8m/min。

4　应随时记录喷粉压力、瞬时喷粉量和累计喷粉量、钻进速度、提升速度等有关参数的变化。当发现喷粉量不足时,应整桩复打,复打的喷粉量应不小于设计用量。当遇停电、机械故障等原因致使喷粉中断时,必须复打,复打重叠桩段长度应大于1m。当粉料储存容器中剩余粉量不足一根桩的用量加50kg时,应在补加后方可开钻施工下一根桩。

5　出现沉桩时,孔洞深度在1.5m以内的,可用8%的水泥土回填夯实;孔洞深度超过1.5m的,可先将孔洞用素土回填,然后在原位补桩,补桩长度应超过孔洞深度0.5m。

7.6.5　浆喷桩施工应符合下列规定:

1　浆液应严格按照成桩试验确定的配合比拌制,制备好的浆液不得离析,不得长时间放置,超过2h的浆液应废弃。浆液倒入集料斗时应加筛过滤,避免浆内块状物损坏泵体。

2　提升钻杆、喷浆搅拌时,应使钻头反向边旋转、边喷浆、边提升,提升速度宜控制在0.5~0.8m/min。当钻头提升至距离地面1m时,宜用慢速提升;当喷浆口即将出地面时,应停止提升,搅拌数秒,保证桩头搅拌均匀。

3　应根据设计要求,对地面以下一定深度范围内的桩身进行复搅。复搅速度宜为0.5~0.8m/min。

4　应随时记录喷浆压力、喷浆量、钻进速度、提升速度等有关参数的变化。当发现喷浆量不足时,应整桩复打。当施工中因故停浆时,应使搅拌头下沉至停浆面以下0.5m,待恢复供浆后再喷浆提升。当停机超过3h时,应拆卸输浆管路,清洗后方可继续施工,防止浆液硬结堵管。

5　桩机移位前,应向集料斗中注入适量清水,开启灰浆泵,清洗全部管路中残存的浆液,直至管体干净,并将搅拌头清洗干净后,方可移位。

7.6.6　加固土桩应按下列要求进行工程质量检验:

1　在成桩28d后进行钻探取芯,抽检频率应为总桩数的1%~2%,取芯位置宜在桩直径2/5处。应将代表性芯样应加工成$\phi \times h = 50mm \times 100mm$的圆柱体,进行无侧限抗压强度试验。强度值应达到设计要求。

2　在成桩28d或90d后进行载荷试验,检验单桩承载力和复合地基承载力,抽检频率应为总桩数的0.2%~0.5%,且不应少于3处。测定的承载力应达到设计要求。

3　可采用轻型动力触探、静力触探以及反射波、瑞利波等物理勘探方法,对桩的均匀性和完整性进行检查。

4　其余项目应按表7.6.6的要求检验。

表 7.6.6 加固土桩质量标准

项　次	项　目	规定值或允许偏差	检查方法和频率
1	桩距	±100mm	抽检 2%
2	桩径	不小于设计值	抽检 2%
3	桩长	不小于设计值	查施工记录并结合钻探取芯检查
4	垂直度	1.5%	查施工记录
5	单桩每延米喷粉(浆)量	不小于设计值	查施工记录

7.7 水泥粉煤灰碎石桩

7.7.1 水泥粉煤灰碎石桩(CFG 桩)的粗集料可采用碎石或砾石,泵送混合料时砾石最大粒径不宜大于 25mm,碎石最大粒径不宜大于 20mm;振动沉管灌注混合料时粗集料最大粒径不宜大于 50mm。可掺入砂、石屑等细集料改善级配。水泥宜用 32.5 级普通硅酸盐水泥。粉煤灰宜采用Ⅱ级或Ⅲ级粉煤灰。

7.7.2 CFG 桩宜采用振动沉管灌注法成桩,施工设备宜采用振动沉管打桩机。

7.7.3 施工前应进行成桩工艺和成桩强度试验。当成桩质量不满足设计要求时,应在调整设计与施工有关参数后,重新进行试验或改变设计。

7.7.4 CFG 桩施工应符合下列规定:

1 混合料应严格按照成桩试验确定的配合比拌制,搅拌均匀,搅拌时间不得少于 1min。

2 沉管至设计高程后应尽快投料,首次投料量应使管内混合料面与投料口平齐。拔管过程中发现料量不足时应及时补充投料。桩顶超灌高度不宜小于 0.5m。

3 沉管宜在设计高程留振 10s 左右,然后边振动,边拔管。拔管速度宜为 1.2~1.5m/min,如遇淤泥层,拔管速度宜适当放慢。拔管过程中不得反插。

4 成桩过程中,每个台班应做不少于一组(3 个)试块(边长 150mm 的立方体),检验其标准养护 28d 抗压强度。

5 当设计桩距较小时,宜按隔桩跳打的顺序施工。施打新桩与已打桩间隔的时间不应少于 7d。

条文说明

桩顶段由于混合料自重压力较小或受浮浆的影响,桩体强度较差,后打的桩对前面的桩有振动挤压作用,可能导致前桩的混合料上涌使桩径缩小,增大桩顶混合料的高度后混合料自重增加,可提高抵抗周围土挤压的能力。因此,为保证桩顶段的质量,要求桩顶超灌高度不宜小于 0.5m。

7.7.5 CFG 桩应按下列要求进行工程质量检验：

1 在成桩 28d 后，对桩身质量采用低应变法和取芯法检测，采用两种方法抽检的总频率应不少于总桩数的 10%，其中采用取芯法检测的比例不应少于总桩数的 0.5%。应根据低应变法的检测结果，按表 7.7.5-1 对桩身质量进行评价。对于Ⅲ类桩，采用取芯法检测桩体强度能够达到设计值的，可以使用。其他Ⅲ类桩及Ⅳ类桩应采取补强、补桩、设计变更等措施处理。

表 7.7.5-1 桩身完整性分类表

类 别	分 类 原 则
Ⅰ类桩	完好桩
Ⅱ类桩	桩身有轻微缺陷，但不影响桩身原设计强度的发挥
Ⅲ类桩	桩身有明显缺陷，应采用其他方法进一步确认其可用性
Ⅳ类桩	桩身有严重缺陷或断桩

2 在成桩 28d 后进行载荷试验，检验 CFG 桩的单桩承载力及复合地基承载力，抽检频率应为总桩数的 0.2%~0.5%，且不应少于 3 根桩。测定的承载力应达到设计要求。

3 其余项目应按表 7.7.5-2 的要求检验。

表 7.7.5-2 CFG 桩质量标准

项 次	项 目	规定值或允许偏差	检查方法和频率
1	桩距	±100mm	抽检 2%
2	桩径	不小于设计值	抽检 2%
3	桩长	不小于设计值	查施工记录并结合钻探取芯检查
4	垂直度	1%	查施工记录

7.8 刚性桩

7.8.1 预应力混凝土薄壁管桩宜采用工厂预制，其质量标准应符合现行《先张法预应力混凝土薄壁管桩》（JC 888）的规定。

7.8.2 现浇混凝土大直径管桩的粗集料可采用碎石或砾石，最大粒径不宜大于 25mm。细集料宜选用干净的中、粗砂。

7.8.3 施工前应进行成桩工艺试验，预应力混凝土薄壁管桩试桩数量不得少于 2 根，现浇混凝土大直径管桩试桩数量应根据施工工艺要求确定。

7.8.4 预应力混凝土薄壁管桩宜采用静力压桩机施工，也可采用锤击沉桩机施工，施工现场应配有起吊设备，其起吊能力宜大于 5t。现浇混凝土大直径管桩宜采用振动沉管设备施工。

7.8.5 预应力混凝土薄壁管桩施工应符合下列规定：

1 沉桩过程中应严格控制桩身的垂直度。宜采用经纬仪进行垂直度控制，可在距桩机 15~25m 处成 90°方向设置经纬仪各一台，测定导杆和桩身的垂直度。

2 每根桩宜一次性连续沉至控制高程，沉桩过程中停歇时间不应过长。

3 焊接接桩时，焊缝应连续饱满，满足三级焊缝的要求；因施工误差等因素造成的上、下桩端头间隙应采用厚薄适当的楔形铁片填实焊牢。接桩时上、下节桩的中心线偏差不得大于 5mm，节点弯曲矢高不得大于桩段的 0.1%。

4 沉桩过程中遇到较难穿透的土层时，接桩宜在桩尖穿过该土层后进行。

7.8.6 现浇混凝土大直径管桩施工应符合下列规定：

1 混凝土应按现行《公路桥涵施工技术规范》(JTG/T F50)的要求拌制，宜集中拌和，也可现场拌和或采用商品混凝土。

2 打桩机机架应稳固可靠，套管上下移动的导轨应垂直，宜采用经纬仪校准其垂直度。

3 应严格控制成桩深度。宜采用在套管上画出明显标尺的方法进行成桩深度控制。

4 第一次沉管至设计高程后应测量管腔孔底有无地下水或泥浆进入，如有进入，应在每次沉管前先在管腔内灌入高度不小于 1m 的混凝土，防止沉管过程中地下水或泥浆进入管腔内。

5 混凝土灌注应连续进行，实际灌注量的充盈系数不应小于 1.1。桩顶超灌高度不宜小于 0.5m。

6 拔管应在管腔内灌满混凝土后进行，应先振动 10s，之后再开始边振边拔，每拔 1m 应停拔并振动 5~10s；距离桩顶 5m 范围内宜一次性成桩，不宜停拔。拔管速度宜为 0.6~0.8m/min。

7 成桩过程中，每个台班应做不少于一组(3 个)试块(边长 150mm 的立方体)，测定其标准养护 28d 抗压强度。

7.8.7 预应力混凝土薄壁管桩应按下列要求进行工程质量检验：

1 成桩后应进行载荷试验，检验单桩承载力，抽检频率应为总桩数的 0.2%~0.5%，且不应少于 3 根。测定的承载力应达到设计要求。

2 其余项目应按表 7.8.7 的要求检验。

表 7.8.7 预应力混凝土薄壁管桩质量标准

项 次	检 查 项 目	规定值或允许偏差	检查方法及频率
1	桩距	±100mm	抽检 2%
2	桩长	不小于设计值	查施工记录并结合吊绳量测检查，吊绳量测 5%
3	垂直度	0.5%	查施工记录

7.8.8 现浇混凝土大直径管桩应按下列要求进行工程质量检验：

1 在成桩 28d 后，对桩身质量采用低应变法检测，抽检频率应不少于总桩数的 10%。桩身质量均应达到表 7.7.5-1 中的 I 类桩或 II 类桩的要求，否则应予以补桩。

2 在成桩 28d 后进行载荷试验，检验单桩承载力，抽检频率应为总桩数的 0.2%～0.5%，且不应少于 3 处。测定的承载力应达到设计要求。

3 其余项目应按表 7.8.8 的要求检验。

表 7.8.8 现浇混凝土大直径管桩质量标准

项 次	检查项目	规定值或允许偏差	检查方法及频率
1	桩距	±100mm	抽检 2%
2	桩径	+30mm，-10mm	抽检 2%
3	壁厚	+30mm，-10mm	开挖桩芯土量测，开挖深度不宜小于 3m。抽检总桩数的 0.2%～0.5%
4	桩长	不小于设计值	查施工记录，必要时结合全桩长开挖桩芯土量测
5	垂直度	1%	查施工记录

7.9 爆炸挤淤

7.9.1 爆炸施工前应进行现场勘察及爆炸安全区的安全检查，从事爆破工作的施工单位应取得当地公安部门核发的爆破作业许可证，从事爆破工作的人员应持证上岗。

7.9.2 爆炸器材选定应符合下列规定：

1 水下爆炸宜选用抗水性能好的乳化炸药，当采用硝铵类炸药时应做好防水处理。

2 水下传引爆器材宜选用导爆索或导爆管等非电器材。

3 采用电雷管作为起爆器材时，应采用两发同厂、同批号的并联电雷管。严禁使用压扁、破损、锈蚀、加强帽歪斜的电雷管。

7.9.3 炸药包制作应符合下列规定：

1 药包应在专用加工房内制作。

2 药包的现场防水处理方案应根据药包需要的浸水时间和承受水压力的大小确定。

3 水下药包可视装药方式进行适当配重。药包配重宜选择砂、石子等材料。

7.9.4 导爆管网络应符合下列规定：

1 不得使用破损或管道内药膜脱落的导爆管。

2 不得有泥沙、水和其他杂物进入导爆管。

3 导爆管不得拉细、打结。

4 导爆管在水下部分不得有接头。

5 导爆管应均匀敷设在雷管四周,其端部伸出雷管的长度应大于100mm,并用胶布或其他材料绑扎结实。

6 起爆雷管的集中穴,不得朝向或靠近导爆管。

7.9.5 导爆索网络应符合下列规定:

1 导爆索应采用搭接方式连接,搭接长度不得小于150mm,并绑扎结实,禁止打结或打圈。

2 支线与主线传爆方向的夹角应小于90°。

3 导爆索与铵油炸药接触部分应采用防油材料包裹。

4 各主线支线导爆索均不得互相缠绕,两根导爆索的空间距离不得小于200mm;当难以满足时,可在两根导爆索中间固定不小于100mm的隔离块。

5 起爆雷管的集中穴应朝向传爆方向,导爆索端部伸出雷管的长度应大于150mm。

7.9.6 布药设备选择应符合下列规定:

1 水上布药可采用带塔架式装药器的驳船,装药器应能顺轨道沿船纵向移动。

2 布药驳船应具有抗风、抗浪能力,并具有利用自身绞锚移位能力,船上必须备有相应数量的救生设备。

3 水上运输爆破器材和起爆药包,宜用非机动船;当采用机动船时,必须采取防电、防震及隔热措施。

4 装药器可选用加压水冲式、液压水冲式、振动压入式和钻进套管式等类型。

5 陆上布药可采用吊车起吊装药器。

7.9.7 爆炸挤淤施工应符合下列规定:

1 应根据设计的装药孔位置,移动布药机械就位。

2 当装药器套管沉至要求深度后,应采用通过滑轮的软绳将药包缓缓放至孔底,不得使药包在套管内坠落。药包埋深允许偏差应为±0.3m。药包就位后不得移位。

3 当工程所在地的淤泥顶面较高、露出水面时间较长,且装药深度小于2.0m时,可采用人工简易布药法。

4 各药包与主导爆索联结时应捆扎牢固,并将药包导爆索传爆方向指向起爆雷管,各药包导爆索与主导爆索联结处搭接长度不得小于150mm。

5 起爆前必须在起爆点外布设警戒线,警戒距离不得小于300m。必须在确认警戒范围内无人员、车辆及其他安全隐患时方可起爆。每炮准爆率不应低于90%,否则应重新补爆一次。

6 应通过对爆炸挤淤前后抛填横断面的测量,确定爆炸后填石的下沉量,并视情况对布药方案进行必要的调整。测量横断面间距不应大于20m。

7.9.8 爆炸挤淤应按下列要求进行工程质量检验:

1 应通过钻孔探测查明抛石置换层厚度、残留混合层厚度。抛石置换层底面和下卧地基层设计顶面之间残留淤泥碎石混合层的厚度不应大于1m。钻孔应按横断面布置,断面间距宜取100~500m,每个工点不应少于3个断面。每断面应布置钻孔1~3个,全断面布置3个钻孔的断面数不应少于总断面的一半。钻孔深入下卧层的深度不应小于2m。

2 可采用物探方法对抛石置换层厚度、混合层厚度进行加密检测。物探宜采用浅层地震勘探法中的反射波法,按纵横向布置测线。纵向应在路线中心、路肩、坡脚和坡脚外适当位置布测线,横向布线间距宜为50~100m。

7.10 路堤地基隔离墙

7.10.1 黏性土防渗隔离墙应采用钻孔取土的方式成沟,换填黏土必须夯压密实,其渗透性和强度应达到设计要求。

7.10.2 水泥搅拌桩防渗型或支挡型隔离墙宜采用浆喷桩,其施工工艺应满足本细则第7.6节的要求。前后桩的搭接应采用切割搭接法施工,应在前桩水泥土尚未固化时进行后续搭接桩施工。必要时,可在水泥浆制备时掺入抗渗剂提高墙体的抗渗性或掺入早强剂提高墙体的早期强度。

7.10.3 高压喷射水泥土防渗隔离墙宜采用单管摆喷喷射注浆法施工,摆喷的宽度宜为0.6~0.8m。水泥浆的水灰比宜为1.0~1.5。

7.10.4 钢筋混凝土灌注桩支挡隔离墙应按现行《公路桥涵施工技术规范》(JTG/T F50)中混凝土钻孔灌注桩技术要求施工。

7.10.5 隔离墙应按下列要求进行工程质量检验:
1 实测墙体垂直度,墙深不大于10m时,偏差不应大于1%;墙深大于10m时,偏差不应大于0.5%。
2 水泥搅拌桩隔离墙和高压喷射水泥土隔离墙,应在施工结束90d后进行钻探取芯,进行无侧限抗压强度试验。搅拌桩隔离墙抽检频率应为总桩数的1%~2%;高压喷射水泥土隔离墙抽检可按每20~30延米钻取1孔的频率取芯。
3 防渗型隔离墙,必要时可采用适当的方法从墙体取样,实测墙体渗透系数。

7.11 强夯和强夯置换

7.11.1 强夯置换的桩体材料宜采用级配良好的块石、碎石、矿渣等坚硬粗颗粒材料,粒径大于300mm的颗粒含量不宜超过30%。桩体材料的最大粒径不宜大于夯锤底面直径的0.2倍,含泥量不宜超过10%。

7.11.2 起吊夯锤用的机械设备宜选用履带式起重机。夯锤重量大、落距大时,可在吊臂两侧辅以门架,以提高起重能力,并防止落锤时机架倾覆。履带式起重机脱钩装置应有足够的强度,使用灵活,脱钩快速、安全。

7.11.3 夯锤可采用钢筋混凝土锤或铸钢锤,夯锤上宜设置 2~4 个上下贯通的透气孔。强夯加固黏土地基时,宜采用较大底面积的锤。强夯置换宜采用细长的铸钢锤。在强夯能级不变的条件下,宜采用重锤、低落距。

7.11.4 强夯和强夯置换施工前应在代表性路段选取试夯区进行试夯,每个试夯区场地面积不应小于 500m²。试夯应确定单击夯击能、夯击次数、夯击遍数、间歇时间等参数。

7.11.5 强夯施工应符合下列规定:

1 强夯前应在地表铺设一定厚度的垫层,垫层材料可采用碎石、矿渣等坚硬粗颗粒材料。

2 强夯宜分为主夯、副夯、满夯三遍实施。第一遍主夯完成后,第二遍的副夯点应在主夯点中间穿插布置;副夯点与主夯点的布置间距及夯击能级应相同。满夯夯点应采用彼此搭接 1/4 连续夯击,满夯能级可采用主夯能级的 1/3~1/2。

3 两遍夯击之间应有一定的时间间隔,间隔时间应根据土中超静孔隙水压力的消散时间确定;当缺少实测资料时,可根据地基土的渗透性确定。对于渗透性较差的黏性土地基,间歇时间不应少于 21d;对于粉性土地基,间歇时间不应少于 7d;对于渗透性好的地基,间歇时间不宜少于 3d。

4 强夯夯点的夯击次数,应按试夯得到的夯击次数和夯沉量关系曲线确定,并应满足下列要求:

1)当单击夯击能小于 2 000kN·m 时,最后两击的平均夯沉量不宜大于 50mm;当单击夯击能为 2 000~4 000kN·m 时,最后两击的平均夯沉量不宜大于 100mm;当单击夯能大于 4 000kN·m 时,最后两击的平均夯沉量不宜大于 200mm。

2)夯坑周围地面不应发生过大的隆起。

3)夯坑不应过深而造成提锤困难。

7.11.6 强夯置换施工应符合下列规定:

1 强夯置换前应在地表铺设一定厚度的垫层,垫层材料宜与桩体材料相同。

2 强夯置换夯点的夯击次数应通过现场试夯确定,并满足下列要求:

1)置换桩底应达到设计置换深度(桩长度),宜穿透软土层。

2)累计夯沉量应为设计桩长的 1.5~2.0 倍。

3)最后两级的平均夯沉量应满足第 7.11.5 条的规定。

3 强夯置换应按照由内向外、隔行跳打的方式施工。

7.11.7 强夯施工结束30d后,可采用载荷试验、标准贯入试验、静力触探、十字板剪切、瞬态瑞利波法和钻孔取样试验等方法检验地基土强度的变化情况,评价强夯的效果。载荷试验的频率应按1处/3 000m² 控制,且不应少于3处;其他方法的检测频率可适当增大。

7.11.8 强夯置换应按下列要求进行工程质量检验:

1 在施工结束30d后,采用载荷试验检验单桩承载力,抽检频率应为总桩数的0.5%,且不应少于3处。也可根据需要同时检测桩间土的承载力。测定的承载力应达到设计要求。

2 在施工结束30d后,应采用超重型(N_{120})或重型($N_{63.5}$)动力触探检测桩体的密实度和桩长,抽检频率应为总桩数的1%~2%。桩体的密实度和桩长应达到设计要求。

8 路堤施工与观测

8.1 一般规定

8.1.1 软土地基路堤施工宜在旱季或冬季进行。

8.1.2 软土地基路堤施工时,弃土应合理堆放,妥善处理,宜利用荒地弃土。积水宜排入附近沟渠,不得污染水源、农田。

8.1.3 施工期间应进行动态观测。动态观测项目应根据工程的重要性和地基的特殊性,以及观测对施工的影响程度等确定。二级及二级以上公路施工过程中必须进行沉降和水平位移观测。

8.1.4 施工期间宜按路堤中心线地面沉降速率每昼夜不大于 10~15mm、坡脚水平位移速率每昼夜不大于 5mm 控制路堤稳定性。特殊软土地基应根据设计要求确定稳定性控制标准。当沉降或位移超过标准时,应立即停止路堤填筑。

8.1.5 堆载预压时路堤的填筑高程应为设计高程加预压沉降高度,压实宽度应大于路堤设计宽度。预压结束,削坡后有效的断面尺寸应满足设计要求。

8.1.6 堆载预压的填料宜采用路基填料,并分层压实。也可采用后期工程所用砂砾石等材料填筑,但应避免使材料受到污染。

8.1.7 软土地基上的桥台、涵洞、通道以及加固工程应在预压期沉降完成后方可修建。

8.1.8 路面铺筑必须待沉降稳定后进行。沉降稳定的标准应采用双标准控制,即推算的工后沉降应小于设计容许值,同时连续 2 个月观测每月沉降不超过 5mm。

8.2 粉煤灰路堤

8.2.1 用于高速公路、一级公路路堤的粉煤灰烧失量不宜大于 12%。粉煤灰的粒径应在 0.001~2mm 之间,小于 0.075mm 的颗粒含量宜大于 45%。

8.2.2 粉煤灰路堤宜采用水平分层填筑法施工。当分成不同作业段填筑时,先填路段应分层留台阶,台阶宽度应大于 1.5m。

8.2.3 粉煤灰路堤的土质护坡应与粉煤灰填筑同步施工,土质护坡的摊铺宽度应保证削坡后的净宽满足设计要求,同时应按设计要求施作护坡的排水盲沟。

8.2.4 摊铺后的粉煤灰应及时碾压,宜做到当天摊铺,当天碾压完毕。

8.2.5 粉煤灰路堤宜采用振动压路机碾压。压实厚度应根据压实机械的种类和压实功能的大小确定,碾压前应进行碾压试验。当采用 20~30t 的中型振动压路机碾压时,每层压实厚度不宜大于 0.2m;当采用中型振动羊足碾或 40~50t 的重型振动压路机时,每层压实厚度不宜大于 0.3m。

8.2.6 粉煤灰碾压应遵循先轻后重的原则。人工摊铺时宜先用履带式机具或 8~12t 轻型压路机静压 1~2 遍,稳压后再用振动压路机振碾 3~4 遍。机械摊铺时可直接用 20t 以上的中型或重型振动压路机碾压 3~4 遍。振动压路机碾压后再以静压压路机碾压 1~2 遍。碾压完毕应及时检验压实度,满足要求后方可继续填筑上层。

8.2.7 铺筑上一层时,应控制卸料汽车的行驶方向和速度,不得在下层灰面上掉头、高速行驶、紧急制动。

8.2.8 粉煤灰压实层,当暂时不能铺筑上层粉煤灰时,应禁止车辆行驶并适量洒水润湿,防止表层干燥松散。当粉煤灰路堤中断施工时间较长时,应进行覆土封闭,覆土应碾压密实,并施作路拱横坡,保证表面排水顺畅。继续施工时,应紧邻覆土层上设置一层排水盲沟。

8.2.9 粉煤灰路堤的施工气温应在 0℃ 以上。

8.2.10 粉煤灰路堤的工程质量检验可按现行《公路工程质量检验评定标准 第一册 土建工程》(JTG F80/1)中土方路基的有关规定执行。

8.3 土工泡沫塑料路堤

8.3.1 用于土工泡沫塑料路堤的 EPS 块体材料应符合下列规定:
1 密度不宜低于 $0.02t/m^3$。

2 抗压强度不应低于100kPa。
3 离火后3s自灭。

8.3.2 施工前按设计高程和尺寸开挖路堤基底,清理、整平、压实,并设置排水沟或采取其他排水措施,排除基底积水及地表水,然后施工基底垫层。

8.3.3 土工泡沫塑料路堤施工应符合下列规定:
1 应采用人工或轻型机具将EPS块体从基底垫层上开始逐步向上分层纵横交错铺设,每层块体均应由中间向两边铺设。
2 块体间的缝隙宽度应小于20mm,块体间的高差应小于5mm,当缝隙宽度或高差过大时应进行调整。调整可采用无收缩水泥砂浆填塞等方式。
3 路堤两侧的包边土应分层碾压密实。

8.3.4 施工过程中应随时对EPS块体间相互滑动情况进行检查,确保其稳定性。

8.4 现浇泡沫轻质土路堤

8.4.1 现浇泡沫轻质土的原材料应符合下列规定:
1 原料土宜采用细砂、粉煤灰,也可采用砂性土或黏性土,其最大粒径不宜大于5mm。
2 宜采用水泥作为固化剂,根据原料土的性质也可采用石膏粉或硅粉等固化剂,其质量应满足国家相关产品标准的要求。
3 拌和水不得含有影响泡沫稳定性、泡沫轻质土的强度及耐久性的有机物、油污等杂质。
4 发泡剂的标准泡沫密度宜为$0.04 \sim 0.06 t/m^3$,成品泡沫轻质土应受外界温度及存放时间影响小、气泡稳定性及流动性好、气泡尺寸小且分布均匀。

8.4.2 施工前应按设计高程和尺寸进行路堤基底开挖、清理、整平、压实,设置排水沟或其他排水措施,排除基底积水及地表水,然后在基底铺设一层透水土工布,并安装浇筑的模板。

8.4.3 现浇泡沫轻质土路堤施工应符合下列规定:
1 泡沫宜采用压缩空气与发泡剂水溶液混合的方式生产,严禁采用搅拌发泡法生产泡沫。
2 泡沫轻质土在储料装置中的停滞时间不宜超过2h。
3 泡沫轻质土宜采用泵送浇筑。一级泵送的最大距离应为500m。当输送距离超过500m时,应设置中继泵送装置或将气泡的混合移到泵送管的出口附近。

4 现浇泡沫轻质土应在出料软管的前端直接浇筑,出料口宜埋入现浇泡沫轻质土中或靠近现浇泡沫轻质土的表面,如图8.4.3所示,确保气泡独立而均匀分布。一次浇筑的最大厚度不应超过1m,最小厚度不应小于0.25m。浇筑过程中应避免泡沫轻质土过度振动。

5 现浇泡沫轻质土不得在雨天施工;已施工尚未硬化的轻质土,在雨天应采取遮雨措施。

图8.4.3 现浇泡沫轻质土的浇筑方法

8.4.4 现浇泡沫轻质土应在固化后28d进行无侧限抗压强度和密度检测,抽检频率应按不小于1组/400m³控制。检测样品宜同时采用浇筑过程中留样和从浇筑体中取样,并进行对比。

8.5 吹填砂路堤

8.5.1 吹填砂路堤的材料宜为中、粗砂,含泥量不宜大于15%。

8.5.2 当路堤设计高度不大于2m时,可一次吹填完成;设计高度大于2m的路堤,应分层吹填,每层的吹填厚度宜为1~2m。

8.5.3 吹填时,排砂管可沿路线中线敷设、在两半幅中部位置敷设或用两条排砂管在两半幅同时敷设。

8.5.4 吹填应逐层、分段进行,每层吹填完后,应压实并检验合格方可吹填上一层。

8.5.5 吹填距离超过吹砂设备最大能力时,可设置加压设备或二次抽吸吹填。

8.5.6 当吹填砂层的高度未达到路堤要求高度,且高差在1m以下时,可用推土机或其他机械将砂推填到要求高度。

8.5.7 吹填砂路堤宜采用振动压路机碾压。

8.5.8 吹填砂路堤的工程质量检验应按现行《公路工程质量检验评定标准 第一册 土建工程》(JTG F80/1)中土方路基的有关规定执行。

8.6 加筋路堤

8.6.1 铺设土工合成材料的土层表面应平整,表面严禁有碎、块石等坚硬凸出物。距土工合成材料层80mm以内的路堤填料,最大粒径不得大于60mm。

8.6.2 土工合成材料之间应联结牢固。在主受力方向不宜联结;必须联结时,联结处的强度不得低于材料设计抗拉强度。

8.6.3 铺设土工合成材料时应人工适当拉紧,避免褶皱,必要时可采用插钉等措施固定。

8.6.4 土工合成材料铺设后应及时覆盖,上料间隔时间不得超过48h。宜采用后卸式载货汽车沿加筋材料两侧边缘倾卸填料的方式,形成运土的交通便道后,再向前推进。

8.6.5 路堤填料卸土高度不宜大于1m,卸土后应立即摊铺。第一层填料宜采用轻型压实机具压实;填筑压实厚度大于0.6m后,可采用重型压实机械压实。

8.6.6 加筋路堤的工程质量检验应按现行《公路工程质量检验评定标准 第一册 土建工程》(JTG F80/1)中土方路基的有关规定执行。

8.7 沉降与水平位移观测

8.7.1 软土地基路堤施工中,应根据观测目的按表8.7.1选择确定观测项目。

表8.7.1 沉降与水平位移观测项目

观测项目	观测仪器设备	观 测 目 的
地表沉降	沉降板、水准仪	1. 观测地表沉降,控制加载速率; 2. 预测沉降趋势,确定预压卸载时间; 3. 提供施工期间沉降增加土方量的计算依据
地表水平位移	水平位移桩、测距仪、经纬仪、钢尺	观测地表水平位移兼地表隆起情况,用于路堤施工过程中的稳定性控制
地基深层水平位移	测斜管、测斜仪	1. 观测地基深层土体水平位移,推定土体剪切破坏的位置,掌握潜在滑动面发展变化,评价地基稳定性; 2. 用于路堤施工过程中的稳定性控制

8.7.2 地表沉降观测断面在一般路段宜每100m布设一处;在预压施工高度达到极限高度的路段,宜每50m布设一处;在跨度大于30m的结构物的两端相邻路堤段应各布设一处,跨度小于30m时可仅在一端布设。在地基条件差、地形变化大的部位应加密设置观测断面。

8.7.3 沉降观测断面上的沉降板应设置于路中心,与结构物相邻段路堤段宜在两侧路肩及边坡坡脚位置增设沉降板。沉降板底板尺寸不宜小于500mm×500mm×10mm,测杆宜采用直径40mm的钢管,保护套管尺寸宜能套住测杆并使标尺能进入套管,测杆和套管每节接高长度不宜超过500mm。套管上口应加盖封闭,避免填料落入管内影响测杆自由下沉。

8.7.4 基桩高程沉降观测应按二等水准测量要求进行,采用DS_1型水准仪配因瓦水准尺,观测允许误差应为±1mm。路堤填筑期和预压期的沉降观测可按三等水准测量要求进行,采用DS_3型水准仪配红黑面木尺或因瓦水准尺,观测允许误差应为±3mm;当预压后期沉降小时,可采用DS_1型水准仪配因瓦水准尺,按二等水准测量要求进行观测,观测允许误差应为±2mm。

8.7.5 沉降观测在施工期应每填一层观测一次;路堤填高达到极限高度之后应每天观测一次;临时中断施工或加载间隙期,可3d观测一次。在预压期间,第一个月内应每3d观测一次,第二个月至第三个月宜每7d观测一次,从第四个月起至预压期末可每半个月观测一次。

8.7.6 在预压高度达到极限高度的路段应设置地表水平位移观测断面。一般路段宜每50m布设一处;在跨度大于30m的结构物的两端相邻路堤段应各布设一处,跨度小于30m时可仅在一端布设。填挖交界处、沿河路段等易发生失稳的部位应设置观测断面。

8.7.7 水平位移桩宜设置于路堤边坡坡脚外10m范围内的位置,每侧宜设置3~4个点;水平位移观测基桩应设置在地基变形影响范围之外。水平位移桩宜采用边长50~100mm的正方形木桩,长度不宜小于1.5m;水平位移观测基桩宜采用边长150~200mm的正方形混凝土或钢筋混凝土预制桩,长度不宜小于1.0m;桩顶应设不易磨损的观测标记。木桩可采用打入或开挖埋设,混凝土桩宜采用开挖埋设,埋设后桩顶露出地面的高度不宜大于100mm。桩周围0.3~0.5m的深度范围内可浇筑混凝土稳固桩体。

8.7.8 在桥头高路堤等重要工程部位及沿河、临河等凌空面大且稳定性较差的路段宜设置测斜管,对地基深层水平位移进行观测。

8.7.9 在地势平坦、通视条件好的平原地区,水平位移观测宜采用极坐标法,用光电测距仪或全站仪观测,测距允许误差应为±5mm;当无测距仪时也可采用普通钢尺量测,量测时的标准拉力应为100N,测距允许误差应为±5mm。在地形起伏较大或水网地区宜采用前方交会法,用DJ_1或DJ_2经纬仪观测,测角允许误差应为±2.5″。地表隆起量可采用水准仪观测。

8.7.10 在路堤填高达到极限高度后第一个月内,应每天进行一次稳定观测。临时中断施工或加载间隙期,可每3d进行一次稳定观测;间隙期超过一个月后,可每月观测一次。

8.7.11 沉降与水平位移观测点宜布置在同一横断面上。

8.8 沉降预测

8.8.1 软土地基应进行沉降预测。沉降预测方法可根据地基的沉降规律,选用双曲线法、星野法、三点法、浅岗法以及人工神经网络法等。

8.8.2 采用双曲线法进行沉降预测时,可采用式(8.8.2-1)进行施工过程中的沉降预测,采用式(8.8.2-2)进行最终沉降预测。

$$S_t = S_a + \frac{t - t_a}{\alpha + \beta(t - t_a)} \quad (8.8.2\text{-}1)$$

$$S = S_a + \frac{1}{\beta} \quad (8.8.2\text{-}2)$$

式中:t_a、S_a——拟合计算起始点参考点的观测时间与沉降值;

t、S_t——拟合曲线上任意点的时间与对应的沉降值;

α、β——根据实测值求出的参数,化为直线时分别表示直线的截距与斜率(图8.8.2)。

8.8.3 采用星野法进行沉降预测时,可采用式(8.8.3-1)进行施工期间的沉降预测,采用式(8.8.3-2)进行最终沉降预测。

$$S_t = S_i + \frac{AK\sqrt{t - t_0}}{\sqrt{1 + K^2(t - t_0)}} \quad (8.8.3\text{-}1)$$

$$S = S_i + A \quad (8.8.3\text{-}2)$$

式中:t_0、S_i——拟合计算起始点参考点的观测时间与瞬时沉降值;

K——影响沉降速度的系数,可根据式(8.8.3-3)用图解法(图8.8.3)求得;

A——求 $t \to \infty$ 时最终沉降值的系数,可根据式(8.8.3-3)用图解法(图8.8.3)求得。

$$\frac{t - t_0}{(S_t - S_i)^2} = \frac{1}{A^2 K^2} + \frac{1}{A^2}(t - t_0) \quad (8.8.3\text{-}3)$$

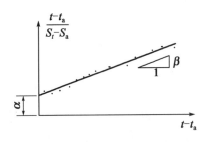

图8.8.2 $(t-t_a)/(S_t-S_a)$ 与 $(t-t_a)$ 关系图

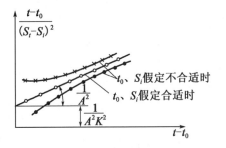

图8.8.3 参数 A、K 的确定

8.8.4 应根据沉降预测资料计算工后沉降和沉降速率,确定预压稳定后铺筑路面的时间。

9 试验工程

9.1 一般规定

9.1.1 在软土工程性质及工程建设条件复杂的地区修建二级及二级以上公路时,宜在主线上选择代表性路段作为试验工程,对软土地基处理方案和施工工艺进行验证。

条文说明

由于软土的特殊工程性质,软土地基处理方案的制订受多种因素的影响,包括:软土性质、软土层厚度及分布、路堤高度、道路要求(与公路等级对应的工后沉降标准要求)、处理路段(桥头路段,涵洞、通道、山区沟谷地段,新老路基衔接段等)、工程环境(周围环境对施工的限制)、材料、工期、工程投资以及施工队伍的技术水平等等。实际工程中这些因素存在各种情况的组合,而且可能会有难以避免的不利组合,可能会影响路基安全,因此,要求对于复杂的软土路段,通过试验工程,对软土地基的处理方案和施工工艺进行验证。

9.1.2 试验工程应达到以下目的:
1 确定设计路段软土地基的强度和变形特性,提供符合实际的设计参数。
2 检验设计方案和设计理论方法的合理性和可靠性及其实施的效果,为修正和完善设计提供依据。
3 对于疑难问题及新材料、新技术和新工艺的引进开展专门研究,取得在当前工程应用的经验。
4 完善施工工艺,落实针对本项目的工程质量控制的方法和标准,确保工程质量和安全施工。

9.1.3 试验工程路段宜选择在方便施工组织、纵坡较小的直线或大半径平曲线段上。试验区段的长度宜大于50m,且大于路堤基底宽度的两倍。试验段路堤的断面形式、尺寸、填料等应与实际工程情况一致。

9.1.4 试验工程路段应保证不少于1年半的观测时间,并应分阶段提交成果报告。

条文说明

软土的固结和强度增长有一个时间过程,地基受施工扰动后强度与结构的恢复也需要时间:采用竖向排水体预压时一般需要6个月,采用复合地基处理预压时一般需要3个月。根据理论计算,采用竖向排水体预压时,4m高的路堤荷载下,地基固结度达到80%~90%,预压期一般需要6~12个月,再考虑开展试验工程研究的时间及应有一定的深度,因此,要求观测时间不应少于1年半。

9.1.5 试验工程应在施工前编制试验研究大纲,制订详细的试验研究计划,并进行试验工程设计与现场观测设计。

9.2 试验工程设计

9.2.1 试验工程设计前可进行必要的补充工程地质勘察和测试,以满足各试验段具体方案设计的需要。

条文说明

由于软土地基工程地质条件复杂多变,及勘探点布设密度等问题,即使勘察阶段已经按第3章的要求查明了沿线软土的成型类型、分布、工程性质,也只能使每个试验段具体方案的设计和观测仪器设备的埋设与具体的地层条件和土体力学参数大致对应。因此,允许在进行试验工程设计前,在已有地质勘察资料的基础上进行补充勘察和测试。

9.2.2 试验工程设计应包括试验工程方案设计和现场观测设计。

9.2.3 试验工程方案设计应在初步设计的基础上,针对拟解决的问题,进行试验研究方案的施工图设计。设计文件应提交工程施工需要的常规图表和相应的资料,对试验工程所采用的地基处理方法、施工工艺和施工顺序进行说明,并应符合下列规定:

1 应分段明确试验的目的和要求,并对所采用的地基处理方法中的关键技术、关键参数及特殊材料的质量要求、施工工艺和施工顺序、质量控制标准等进行详细说明。

2 应明确整个试验工程的施工工艺流程,对原位观测仪器设备的埋设、地基处理施工、路堤填筑加载预压及卸载等关键工序的施作顺序及时机作出具体规定。

3 应明确路堤填筑材料的质量要求、加载速率控制标准、填筑压实质量检验方法等内容。

9.2.4 现场观测设计应根据试验路段的地质条件和地基处理方案的特点进行,必要时应对某些项目进行长期观测设计和增加必要的原位测试。现场观测设计应包括下列内容:

1　确定观测及试验的项目。
2　明确观测点的布置位置。
3　选定观测仪器设备,明确埋设要求及保护方案。
4　明确观测及观测资料整理与分析要求。
5　明确对观测研究报告的要求等。

9.2.5　试验工程观测及试验的项目,应根据试验研究的目的,按表9.2.5确定。

表9.2.5　试验工程观测项目

	观测项目	观测仪器设备	观测目的
沉降	地表沉降	沉降板、水准仪	1.观测地表沉降,控制加载速率; 2.预测沉降趋势,确定预压卸载时间; 3.提供施工期间沉降土方量的计算依据
	地基分层沉降	导管、磁环、分层沉降仪	观测地基不同层位的沉降,确定有效压缩层的厚度
水平位移	地表水平位移	水平位移桩、测距仪、经纬仪、钢尺	观测地表水平位移兼地表隆起情况,用于路堤施工过程中的稳定性控制
	地基深层水平位移	测斜管、测斜仪	1.观测地基深层土体水平位移,判定土体剪切破坏的位置,掌握潜在滑动面发展变化,评价地基稳定性; 2.用于路堤施工过程中的稳定性控制
压力	孔隙水压力	孔隙水压力计	测定地基中孔隙水压力,分析地基土层的排水固结特性及其对地基变形、强度变化和地基稳定性的影响
	土压力	土压力盒	1.用于测定路堤底部和地基中的土压力,根据压力分布情况评价复合地基处理效果; 2.用于研究土拱效应
	承载力	加载体、千斤顶、承压板等	测定地基和桩基的承载能力,可用于在构造物位置复合地基的检测
其他	十字板抗剪强度、锥尖阻力(总贯入阻力)	十字板剪切仪、静力触探仪	1.测定地基土原位强度,评价地基处理效果; 2.计算稳定安全系数,评价地基的稳定性
	地下水位(辅助观测)	水位观测管	1.观测地下水位变化,测定稳定水位,配合其他观测项目综合判定路堤施工过程中的稳定性; 2.用于超静孔隙水压力计算
	出水量(辅助观测)	单孔出水量观测井	观测单个竖向排水体的排水量,了解其排水性能,分析地基排水固结效果

9.2.6　试验工程观测点的布置应符合下列规定:
1　观测断面宜垂直于路线中线并靠近试验段的中部设置,观测断面距试验段两端的

距离不宜小于 5m。

2 沉降观测断面上的沉降板宜布置在与路中心、路肩、边坡中部以及边坡坡脚对应的地表位置。分层沉降仪宜布置在与路中心、路肩以及边坡坡脚对应的位置；观测磁环可布置在各土层的底面或按一定的间距布置。

3 水平位移桩宜设置在边坡坡脚、边沟外缘以及距外缘 10m 范围以内的位置。

4 测斜管宜设置在边坡坡脚。

5 孔隙水压力计宜布置在与路中心、路肩以及边坡坡脚相对应的地基中；与路中心和路肩位置对应的孔隙水压力计宜在基底下 15m 以内的软土层中布设，与边坡坡脚位置对应的孔隙水压力计宜在基底下 10m 以内的软土层中布设。孔隙水压力计在深度 15m 以内的软土层中竖向布设间距宜为 2~5m，在深度大于 15m 的范围内宜布设 1~2 个。

6 土压力盒宜靠近路中心布置。

7 承载力与原位强度测试点的位置应根据工程的具体要求而定。十字板剪切比对试验孔应分组设置，每组 3~4 个孔，其中 1 个孔用于测定天然地基的强度，另外的预留孔布设在该孔周围，用于测定路堤施工过程中不同阶段地基土强度的变化。当采用静力触探测试时，布孔原则应与十字板剪切试验相同。

8 用于观测地下水位变化、配合其他观测项目综合判定路堤施工过程中的稳定性的水位管应埋设在路堤边坡坡脚或路堤内。当用于观测稳定水位时，水位管应埋设在受路堤及施工荷载应力影响范围以外。

9 单孔出水量观测集水井宜靠近路堤边坡坡脚设置，用于观测出水量的竖向排水体宜选择与路中心、路肩、边坡中部以及边坡坡脚对应的位置处的竖向排水体。

10 观测点应在整个观测断面上布置。当地基土层和路堤断面均匀对称时，可仅在半个断面上布置。

11 应提供观测点布置的平面图和横断面图。

9.2.7 观测仪器设备的埋设及保护应符合下列规定：

1 埋设前结合仪器设备的特点和要求，做出现场埋设工作的施工顺序和组织计划。

2 埋设前进行检测和标定，并做好标记。

3 严格按照施工要求，由专门的技术人员埋设。

4 埋设后的仪器应及时调试，检查验收合格后，记录初始读数。验收不合格时，应报废并另行埋设。

5 埋设好的仪器设备应进行保护，避免现场施工干扰和破坏。对于易损坏的仪器设备，应预先加固、加锁。

6 应制定观测仪器设备损坏后的补救措施。

9.3 试验工程观测及成果报告

9.3.1 观测人员应熟悉各观测项目所用仪器设备的工作性能及技术参数，掌握有关检测、调试、测定的方法。

9.3.2 试验工程地表沉降观测的方法与要求应符合第8.7.4条和第8.7.5条的规定。应根据沉降观测资料绘制沉降—时间—荷载关系曲线,分析沉降发展趋势,计算沉降速率。

9.3.3 地基分层沉降应采用分层沉降仪观测,观测的频率与地表沉降观测相同。每次观测应进行两次平行观测,以保证观测精度,同一磁环测值允许误差应为±2mm。应根据分层沉降观测资料绘制分层沉降—时间—荷载关系曲线,分析沉降发展趋势,计算沉降速率,掌握分层土体固结情况,评价地基处理效果。应根据分层沉降观测资料绘制沉降(时间)—深度关系曲线,论证压缩层厚度确定的适宜性。

9.3.4 试验工程地表水平位移观测的方法与要求应符合第8.7.9条和第8.7.10条的规定。应根据水平位移观测资料,绘制地表水平位移—时间—荷载关系曲线,分析位移发展趋势,及时确定路堤的稳定状态。

9.3.5 地基深层水平位移观测应符合下列规定:
1 应在测斜管与周围被扰动土体的相互作用密合稳定后开始观测,将第一次观测的初读数作为位移零点。
2 观测时应将测斜仪测头导轮卡置于测斜管导槽内,轻轻将测头放入测斜管中,放松电缆使测头滑至孔底,根据电缆上的深度标志记下深度。
3 应将测头在孔底停置5min后,拉起到最近深度标志为测读起点,每隔0.5m测读一个读数,测至管顶位置。每次读数时均应将电缆对准标志并卡紧,以防读数不稳。
4 应将测头调转180°,重新放入测斜管中重复上述步骤测读。应根据两次的测读数据计算位移值。
5 观测频率要求应符合第8.7.10条的规定。

9.3.6 应根据深层水平位移值绘制位移(时间)—深度关系曲线,及时确定最大位移的位置,掌握潜在滑动面发展变化。当发现每昼夜的最大位移大于5mm时,应结合其他观测资料,判断并报告地基的稳定性。

9.3.7 孔隙水压力观测应符合下列规定:
1 在路堤填筑加载之前,应测定各测点的初始孔隙水压力值,并将该值作为该测点孔隙水压力零点。
2 在施加每一级荷载的过程中,应在施加荷载之前和施加荷载完毕之后分别观测。
3 当孔隙水压力急剧增大时,应跟踪观测,直到孔隙水压力消散稳定为止。
4 在加载间歇期,初始10d内,每隔2~3d观测一次,以后可每隔15~20d观测一次。

9.3.8 应根据孔隙水压力观测资料,绘制荷载 ΔP 作用下,间歇加载期间(不小于30d)的孔隙水压力 u 随时间 t 的消散曲线,即 u-t-ΔP 关系曲线和孔隙水压力增量($\sum \Delta u$)-荷载压力增量($\sum \Delta P$)关系曲线。利用 u-t-ΔP 关系曲线分析地基土层的排水固结特性,利用 $\sum \Delta u$-$\sum \Delta P$ 曲线判断路堤与地基的稳定性。

9.3.9 土压力观测应符合下列规定:
  1 待土压力盒埋设完毕并与地基土接触密合之后,在路堤填筑加载之前,应测定土压力盒的初始读数,作为土压力的零点。
  2 在施加每一级荷载的过程中,应在施加荷载之前和施加荷载完毕之后分别观测。
  3 在加载间歇期可每隔 5~10d 观测一次。

9.3.10 应根据土压力观测资料绘制测点压力—时间—荷载关系曲线。当研究土拱效应时,应绘出地基反力增量($\sum \Delta P$)的松弛和拱效应发展情况图。

9.3.11 测定地基和桩基承载力的载荷试验可参照现行《建筑地基处理技术规范》(JGJ 79)和《建筑基桩检测技术规范》(JGJ 106)有关规定执行。对复合地基载荷试验,应绘制压力—沉降(P-S)曲线;对单桩载荷试验,应绘制荷载—沉降(Q-S)曲线、沉降—时间对数(S-$\lg t$)曲线,根据曲线确定承载力特征值。

9.3.12 现场十字板抗剪强度和静力触探锥尖阻力(总贯入阻力)的测试应按照现行《岩土工程勘察规范》(GB 50021)的规定执行。在路堤填筑之前应在每组试验孔中取选一孔测定天然地基的强度,其余预留孔测定路堤施工过程中不同阶段地基土的强度。应绘制十字板抗剪强度—深度关系曲线和锥尖阻力(总贯入阻力)—深度关系曲线,分析地基土强度的变化情况并计算稳定安全系数。

9.3.13 地下水位可采用接触式水位有声发光测量仪观测。用于配合某观测项目综合判定路堤施工过程中稳定性的水位观测频率宜与该项目观测频率相同或适当提高;用于稳定水位观测时,可每周观测一次。

9.3.14 应绘制水位—时间—荷载关系曲线,根据曲线发展变化趋势分析地基的稳定性。

9.3.15 出水量观测应按下列步骤进行:
  1 将拟观测出水量的竖向排水体顶端挖出不少于 0.5m 的长度。
  2 将留有排水管和排气管的出水井管套在竖向排水体顶,之后用水泥混凝土将出水井管加固稳定。
  3 外引排水管和排气管至路堤外的集水井。当路堤加载过程中有水排入集水井时,开始计量出水量,之后连续测定日出水量直至预压期结束。

9.3.16 应绘制日出水量—时间—荷载关系曲线,评价竖向排水体的排水性能,分析地基排水固结效果。

9.3.17 试验工程应分阶段提交成果报告,报告应包括下列内容:
1 补充地质勘察报告(若有);
2 材料试验成果报告,包括路堤填筑材料和地基处理所用的各种材料的质量检测报告等;
3 试验工程方案设计及现场观测设计文件;
4 试验工程施工计划书;
5 试验工程施工进程记录及施工质量检测报告;
6 现场观测仪器设备埋设与检测调试报告;
7 现场观测结果报告,包括观测结果数据记录报表、各种关系曲线、试验结果的分析及处理意见;
8 阶段研究报告;
9 试验研究工作报告;
10 试验工程总报告。

附录 A 软土地基常用处理方法及适用范围一览表

表 A 软土地基常用处理方法及适用范围一览表

处理层位	处理方法		适用范围	用于软土地基处理的优缺点
地面上处理	垫层		软土地基表层处理	施工简便
	堆载预压(包括等载预压、超载预压和欠载预压)		有足够预压期的软土地基处理	施工简便,预压期长,需要两次调运预压土方
	粉煤灰路堤		粉煤灰廉价的软土地区	施工简便
	土工泡沫塑料路堤		含水率大、抗剪强度低,深厚软土地基	施工工艺较复杂,造价高
	现浇泡沫轻质土路堤			
	吹填砂路堤		靠河边或海边的软土地基	路堤填筑速度快
	加筋路堤		各种软土地基	施工简便
	反压护道		施工期间路堤失稳的应急处理和修复	增加工程占地
地面下浅层处理	粒料垫层		换填处理厚度不大于 3.0m	施工工艺简便,处理深度浅
	灰土垫层		换填处理厚度不大于 3.0m	施工工艺简便,处理深度浅
	抛石挤淤		含水率大,厚度不大于 3.0m 的软土地基	施工工艺简便,处理深度浅
地面下深层处理	动力挤密与置换	强夯和强夯置换	强夯法适用于处理碎石土、低饱和度的粉土与黏性土、杂填土和软土等地基。强夯置换法适用于处理高饱和度的粉土与软黏土地基	施工工艺简单,施工速度快,工期短,但对周围地基影响大
		爆炸挤淤	含水率大、人烟稀少的海湾滩涂地段	施工工艺要求高,工期短
	固结排水	袋装砂井、塑料排水板	各种软土地基	施工简便
		真空预压	含水率大、软土性质差的地基	施工工艺要求高,工期短,需要专用设备
		真空—堆载联合预压	含水率大、软土性质差的地基	施工工艺要求高,工期短,需要专用设备
	复合地基	粒料桩	振冲置换法成桩时软土的十字板抗剪强不小于 15kPa,振动沉管法成桩时软土的十字板抗剪强度不小于 20kPa	施工工艺较复杂,能够缩短预压期
		水泥搅拌桩(粉喷桩、浆喷桩)	软土的十字板抗剪强度不小于 10kPa,有机质含量不大于 10%	
		水泥粉煤灰碎石桩(CFG 桩)	软土的十字板抗剪强度不小于 20kPa	

续上表

处理层位	处理方法		适用范围	用于软土地基处理的优缺点
地面下深层处理	刚性桩	先张法预应力混凝土薄壁管桩	适合于深厚软土地基结构物两端和高路堤段	施工工艺复杂,桩体强度高,工后沉降小,造价偏高
		现浇混凝土大直径管桩		
其他	路堤地基隔离墙		适用于相邻路堤、新老路堤之间出现干扰情况下的隔离	施工工艺较复杂

本细则用词用语说明

1 为了准确地掌握细则条文,对执行细则严格程度的用词作如下规定:

1)表示很严格,非这样做不可的用词:

正面词采用"必须",反面词采用"严禁"。

2)表示严格,在正常情况下均应这样做的用词:

正面词采用"应",反面词采用"不应"或"不得"。

3)表示允许稍有选择,在条件许可时首先应这样做的用词:

正面词采用"宜",反面词采用"不宜"。

4)表示有选择,在一定条件下可以这样做的,采用"可"。

2 条文中指明应按其他有关标准、规范的规定执行时,写法为:"应按……执行"或"应符合……的规定或要求";如非必须按指定的其他有关标准、规范的规定执行时,写法为:"可参照……"。